モンスター部下

石川弘子

日経プレミアシリーズ

はじめに
部下がモンスター化する時代

退職した社員から弁護士名で内容証明が届いた。

ＩＴ関連会社で開発を担当していたその社員は、ほんの数カ月前に入社してきた中途採用の社員だった。勤務中にパソコンでゲームをしたり、遅刻や無断欠勤を繰り返したりした挙句、最終的に「バックレ」た。

プロジェクトは放置されたまま、資料のパスワードも本人だけしか知らず、後を引き継いだ社員も大変な思いをさせられた。

その彼が弁護士に依頼して何を主張してきたのかと思ったら、「上司のパワハラのせいで、メンタル不全になったので慰謝料を請求する」という内容だった。

しかし、社内で確認した限り、実際にはパワハラの事実はない。

「慰謝料を請求したいのは、こっちの方だ……」

人事担当者はため息をついた。

彼のように、無責任に仕事を放り出した挙句、「悪いのはそっちだ。金を払え」と理不尽な要求をしてくる社員、考えられないようなトラブルを起こす社員についての相談が増加している。

いったい何が起こっているのだろうか？

増える上司サイドからの相談

「部下がモンスター化して困っている」「モンスター部下が入ってきてどうしたらいいか？」という相談を頻繁に受ける。

- 「自分が納得いかない仕事はしたくない」と言って、上司の指示を聞かない
- 「個性を尊重すべき」と言って、ルールを無視した、非常識で自分勝手な行動をとる
- 「上司だからといって命令するのはパワハラだ！」と反論してくる
- ＳＮＳで会社の内情をぶちまけ、騒動を起こす

このような部下に悩まされている上司は少なくないだろう。

会社はさまざまな個性や価値観を持った人間の集まる集団である。お互いに多様な価値観を持つ中で、組織を円滑に運営するために就業規則等のルールがあり、指揮命令系統を明確にするために役職がある。

もちろん、部下の個性は尊重すべきだし、部下が納得して仕事に取り組み、仕事にやりがいを求めることは素晴らしい。また、上司とはあくまでも会社での役割であって、人間としての価値が部下より上であるとか、上司の言うことは必ず聞かなければならないということではない。

しかし、「個性の尊重」「やりがい重視」「人は平等」という考えを曲解して、結果的に「自分勝手」「無責任」「傲慢」「低モラル」な言動に結びついてしまっている社員は少なくない。

「部下のご機嫌うかがい」の構造

なぜ、部下が「自分勝手」「無責任」「傲慢」「低モラル」になってしまうのだろうか？　その背景にはいくつかの要因があると思われる。

まず、若手社員がモンスター化する背景には、家庭でのしつけや学校での教育が大きく影響しているだろう。

今どきの若い社員は、子供の頃から学校でも家庭でもよく褒められて育っている。それはそれで良いことかもしれないが、一方で叱られるべき時に、厳しく叱られないで育った、という人が多い。

また、教師も親も自分と立場は対等と考えている若者も少なくない。「褒めてくれないのが不満だ」「上司が上から目線で命令してむかつく」と言い出す部下もいるようだ。


モンスター化は何も若者に限った現象ではない。世代を問わず、部下の立場が強くなっている背景もあるだろう。

日本社会では労働力が不足し、人材の奪い合いが加速している。転職市場はますます賑わい、部下はいくらでも会社を選ぶことができる。上司としては、部下の離職は「マネジメント力不足」の烙印を押される恐れもあり、できるだけ避けたい。部下の問題行動に対して強く指導できない、部下が退職しないように必要以上に部下の機嫌をうかがってしまう、という間違ったマネジメントが部下の問題行動を加速させてしまう。

コンプライアンスを逆手にとるSNSモンスターも

また、社会全体のコンプライアンス意識も高まり、部下が、「おかしい」と思ったことはSNSに投稿して企業を糾弾することもできる。

確かに、意図的に法令に違反するようなブラック企業を淘汰する方法として、SNSを利用することは非常に有効である。今までは泣き寝入りするしかなかった上司のパワハラや理不尽な命令も、SNS等で世間に訴えることで、企業のモラルを担保することが可能となった。

しかし、一方で、事実と違っていることをSNSに投稿する社員もいる。偏った一方の言い分で必要以上に企業がバッシングを浴びてしまうこともある。企業がSNS等による風評被害を恐れ、ネット上の批判に対し、過剰とも思われる対応をしているケースもある。

以前は職場での人間関係のトラブルは、どちらかというと部下側からの相談が多かった。しかし、昨今は、部下に対して指導をしたくても、「パワハラと言われるのでは?」「部下が辞めたら自分が責任を取らされるのでは?」「自分のマネジメントは間違っているのでは?」という不安から、指導ができない、どう指導したらいいか分からない、と悩む上司サイドの相談の方が圧倒的に多い。

本書では、実際に筆者が相談を受けたさまざまなモンスター社員について触れている。部下や同僚の言動に悩まされている人にとって、何かしらの解決のヒントになれば幸いである。

目次

第2章
モンスター量産のメカニズム

第3章 低モラル社員の暴走は止まらない

第4章 逆襲のシニア・モンスター

第5章

モンスター部下とどう対峙するか

第1章

台頭する自己中心モンスター

ケース①
ナゾの欠勤を繰り返し、突然、退職代行業者を使って去って行く部下

M不動産　概要

創業30年、沿線に10店舗ほど支店を構える地域密着型の賃貸メインの不動産会社。比較的のんびりとした社風で社内の人間関係は良好。

登場人物

A男：4月に新卒で入社したばかりの23歳の男性営業社員。人懐っこく愛想がいいが、ルーズなところがある。

Y主任：30代前半の男性営業社員。A男の教育係を任されている。面倒見がよく忍耐強い性格。

I支店長：入社17年目の40代ベテラン支店長。情に厚く、部下を信頼してくれる頼れる上司。

明るくて素直だが、ちょくちょく欠勤する新人

「あれ？　A男はまだ来ていないのか？　今日はアポがあるんじゃないのか？」

外出前に資料を準備しているY主任にI支店長が声をかけた。

「ええ、そうなんですが……。今朝A男からLINEが来まして、熱があるから休みますと……」

I支店長は「おいおい、またか？」と呆れた。

新卒で入社したA男は、人懐っこく、仕事も積極的に取り組むので期待されているのだが、お腹が痛い、熱がある、アパートが水漏れしたなど、さまざまな理由で頻繁に遅刻や欠勤を繰り返す。どれも仕方のない理由なのだが、あまりに多い。

Y主任も、「体調管理も社会人の仕事だぞ」と折に触れて注意をするのだが、「気を付けます！」と元気のいい返事をしたさきでまた休むので、頭を悩ませていた。

ある日の朝、A男の担当している客から支店に電話が入った。朝一番で物件を案内してもらう約束で待ち合わせをしていたのだが、時間を30分過ぎても来ない。A男に教えてもらっ

た携帯に電話しても出ないので、支店に電話してきたとのことだった。Y主任は、慌ててA男の携帯に電話したが出ない。

客は、他にもA男の対応に対する不満を次々と口にしだした。約束した時間に電話をしてこない、郵送で送ると言っていた書類をいつまで経っても送ってこない、電話で催促すると、「あ、忘れてました」と、謝罪もせずにあっけらかんとしている、等々。

Y主任は、電話口で平身低頭謝罪し、改めてお詫びにうかがう旨を伝えた。

Y主任が支店内にある営業社員の行動予定表をチェックすると、A男の欄には「○○様内見」とある。やはり、今日は朝一番で物件案内の予定だったようだ。始業時刻はとっくに過ぎている。もしかして、何か事故にでも巻き込まれたのかとY主任が不安に思っていると、A男から支店に電話が入った。

「おい、A男、今どこだ？　○○様から待ち合わせ時間を過ぎてもお前が来ないって電話があったぞ」

Y主任がA男に言うと、A男は沈んだ声で答えた。

「昨日、祖父が亡くなって……。なので、今週は休みます」

「いや、そうだったのか。それは大変だったな。だけど、そういったことはすぐに連絡してくれないと、お客様にも周りにも迷惑がかかるだろ」

「……はい。でもショックでそれどころじゃなくて……僕おじいちゃん子だったので……」

「そうかもしれないが、黙って休まれたら皆も心配するだろ」

A男は、「月曜には出社します」と言って電話を切った。

ある日、退職代行会社から電話が……

次の月曜に出勤してきたA男に対して、Y主任は声をかけた。

「A男、大変だったな。今日の夜、ちょっと付き合えるか？」

「はい。大丈夫です！」

祖父を亡くして落ち込んでいるかと思ったが、いつもの明るいA男の様子にY主任は意外な思いだった。

その日の夜、Y主任はA男を居酒屋に誘うと、今回の件について諭した。

「今回のことは大変だったな。肉親を亡くすのは辛いことだと思う。いろいろなことに気が回らなくなるのも理解できる。でも、周りの人に迷惑をかけたり、心配をかけたらいけないだろ。まずは会社に連絡を入れてくれないと、俺たちもどうフォローすればいいか分からないし」

最初は神妙な顔をして聞いていたA男も、Y主任が優しく諭すと、最後には、

「次からは気を付けます。頑張りますので、これからも指導よろしくお願いします！」

と笑顔を見せた。Y主任も（まだ学生気分が抜けないだろうし、少しずつ指導していかないと）と改めて教育担当として気が引き締まる思いだった。

翌朝、またもや始業時刻を過ぎても出勤してこないA男にY主任は電話を入れた。しかし、留守電に切り替わってしまう。お昼近くまで何度か電話したが、一向に出ない。

欠勤については必ず連絡するように昨夜話したばかりだったので、（もしかして何かあったのか？）とY主任は心配になった。Y主任は午後に外出する予定だったので、少し早めに

出て、A男のアパートを訪ねてみた。

チャイムを鳴らしてみたが、シーンとして出てくる気配はない。（いないのかな？）とY主任はしばらくして立ち去った。

外回りの用事を済ませ、Y主任は支店に戻る途中もA男の携帯に何度か電話を入れるがやはり出ない。（外で事故にでも巻き込まれたのか？）（もしかして、すでに支店に出社してるのかな？）などと考えながら支店に戻ると、I支店長が険しい顔でY主任を手招いた。

「さっき、退職代行会社というところから、A男はこれ以上出社することができないから、退職の手続きを進めてくれと電話があった。何か聞いているか？」

Y主任は驚いて、昨夜の様子をI支店長に話した。

「頑張るから、これからもよろしくお願いしますって言ってたんですけど……」

I支店長も「退職代行なんて、聞いたことはあったけど、まさかうちに来るなんて……」と戸惑っている。I支店長とY主任がインターネットで退職代行について調べてみたところ、数万円の費用を支払うと、本人に代わって会社に退職に関する連絡を代行するサービスのようだ。交渉などは一切しないらしく、あくまでも連絡の代行をするサービスらしい。

その後、退職代行会社は、「A男の離職票や源泉徴収票をA男に送ってほしい」「A男が持っている健康保険証などは郵送で今週中に送る」というA男の伝言を伝えてきた。退職代行会社の担当者にI支店長が、A男の退職理由を教えてほしいと聞いても、「一身上の都合」と答えるのみで、詳細については一切話すことはなかった。

それからは、A男が持っていた案件の対応に支店の社員は忙殺された。新人だったので、さほどの量はなかったが、書類やデータがめちゃくちゃで、主任に報告がなかった案件もいくつかあり、客からの問い合わせへの対応にも四苦八苦した。

数週間が経過し、支店もようやく通常の落ち着きを取り戻した。退職代行を使って突然辞めるというA男の態度に、最初は戸惑い、怒りも覚えたY主任だったが、日が経つにつれ、何とも言えないむなしさを感じていた。

「数万円を払ってでも、直接退職の連絡はしたくない、私たちとは話したくないってことなんですかね……」

と、寂しそうにつぶやくY主任に、

「主任は忍耐強く面倒見ていたと思うよ。今どきの子は本当に分からないな……」

とI支店長が主任をいたわった。

◆馴染んでいるかに見える若手が、突然、退職する心理

「退職したい」と申し出ても、半ば脅して退職を阻止するブラック企業もあると聞く。そういった場合にやむを得ず退職代行サービスを使うこともあるだろう。しかし、ごく普通の会社で、本人も職場に馴染んでいるように見えて、突然、退職代行会社から連絡が来ると、周囲は理由が分からず、戸惑い、ショックを受ける。

友人とのやり取りもLINEなどで行っている世代としては、言いにくいことを直接言ったり、電話で話したりすることを、「面倒くさい」と考える人も多いようだ。また、電話等の双方向のコミュニケーションで慰留されたりすることが、「うざい」と感じる人もいる。退職の申し出といった「面倒くさい」話は、たとえ数万円を支払ったとしても、誰かに代わってしてほしいと思うのだろう。「大事な話は相手と会って直接する」という管理職世代

の感覚と若手の感覚にはズレがある。

A男がなぜ辞めたのか本当の理由は結局分からずじまいだったが、今後はこのようなケースも増えてくるのだろう。会社としては、突然の事態に対応できるような情報の共有や、仕事の相互サポート体制の整備などを進め、流動化に備えるしかないようだ。

ケース②

育児を理由に周囲に仕事を押し付け、注意したら「マタハラです！」

N広告代理店　概要

創業25年の求人広告を取り扱う広告代理店。従業員数は150名ほどで、女性比率も高い。社内は自由な雰囲気で活気がある。

登場人物

K子：30代半ばの女性社員。育児休業から復帰して、育児と仕事の両立を目指している。社内では発言力もあるが、気分屋なところがあり、あまり人望はない。

S課長：30代後半の男性社員。中途入社でK子の同期。仕事はできるが、社内の人間関係には無頓着。

Y美：20代後半の女性社員。K子と同じ課の後輩。真面目で仕事熱心なので、上司からの信頼が厚い。K子のワガママに振り回されることも多く、苦手に思っている。

育児が理由なら何でも許されるの？

「子供が熱を出しちゃったみたいで、保育園にお迎え行かなきゃだから、今日は帰るね」

お昼前の午前11時、広告の原稿の締め切りに追われていたY美は、K子の発言にがっかりしつつも、「分かりました。お大事にしてください」と笑顔を作って答えた。

K子は3カ月前に育児休業を終えて復帰し、時短勤務で働いている。Y美も女性として育児と仕事の両立を頑張っているK子を応援したい気持ちはある。だが、仕方がないこととはいえ、子供の発熱や、自身の体調不良などで頻繁に休み、遅刻・早退を繰り返すK子の尻拭いは、Y美がしなくてはならない。

先日は、「子供の親子遠足の準備をしなくてはならない」という理由で突然休んだり、昼休みに夕飯の材料を買いに行って、「スーパーが混んでたから」という理由で昼休みが終わっても一向に戻らなかったこともあった。

（家事と育児が理由なら何でも許されると思っているんだから！）

と、Y美はひそかに不満を抱えていた。だが、それを先輩のK子に言うこともできず、ももやもやを抱えていた。

N広告代理店では、毎週木曜に原稿作成の締め切りがあり、その日は毎週戦場のような忙しさだ。原稿作成を担当しているK子やY美もその日までに完成させる原稿についてスケジュールを組んで行っている。

育児休業明けで時短勤務のK子は、S課長の配慮で、担当する量も減らしてもらい、不測の事態に備えて情報共有も徹底するように言われている。しかし、K子は自身が抱えている業務についてメンバーに一切開示しようとしない。

Y美も心配して、「何かあったら自分が代わりにできるように進捗状況を教えてほしい」と何度かK子に声をかけたが、「大丈夫。大した量じゃないし」と言って取り合わない。それ以上Y美も何も言えず、漠然と不安に思っていた。

ある締切日の木曜の朝に、K子から会社に電話が入った。

「今日、保育園で七夕祭りがあって、お休みします」

電話を受けたS課長は、

「今日は締め切りだし、急に言われても。行事なら前から分かるんだから事前に言ってくれよ」

と少し強めに言うと、K子が憤慨して答えた。

「働く母親は保育園の行事も参加しちゃいけないんですか⁉」

「いや、そういうことじゃなくて。事前に分かっていることなんだから前もって報告して調整するのが当然だろ」

「育児と仕事の両立は課長が考えるよりずっと大変なんです！」

「いや、だからそういうことじゃなくて」

K子はそのまま電話を「ガチャ切り」した。

S課長は、K子が休むことと経緯をメンバーのY美に話した。話を聞いたY美はついに怒りを爆発させた。

「育児が理由であれば、何でも許されるんですか？」

S課長は普段は温厚なY美の憤慨した様子に驚いたが、締め切りが迫っており、Y美を何とかなだめてK子の担当分も行ってもらうことになった。ところが、普段から情報共有をしないK子の資料はどこにあるのかも分からず、Y美が仕方なくK子に連絡をとろうと思っても電話に出ない。それでも何とか締め切りの時刻には作業を終え、Y美もS課長も一息ついた。

「子育て中の女性社員に注意するのはどうも……」

翌日、人事からS課長宛に電話が入った。昨日夕方、K子から人事部のハラスメント相談窓口に電話があり、「S課長のマタハラについて人事から注意をしてほしい」と言われたとのことだった。K子の言い分としては、会社は女性社員の育児と仕事の両立を推進しているが、管理職の意識が低く、育児のための有休取得に対し、嫌がらせをしている、とのことだった。

Ｓ課長は驚いて経緯を人事担当者に説明し、Ｋ子が直前になって休みを申請してくるので、迷惑していると訴えた。

両者の話が食い違っているため、人事部は他のＫ子の同僚にもヒアリングを行い、Ｙ美も対象となった。Ｋ子の勝手な言動に怒り心頭だったＹ美は、今までのＫ子の問題行動について人事部にぶちまけた。しかし、人事担当者の反応は意外なものだった。

「確かに、周りの人は振り回されて大変だと思うけど、人事としては子育て中の女性社員に注意するのはどうも……。ほら、何かとハラスメントだって騒がれると厄介だから」

子供の突然の発熱などについては、Ｙ美だって理解している。そうではなく、事前に分かっている保育園の行事などで突然当日休むことに不満があるのだと訴えても、人事担当者は、「まぁ、子供が大きくなるのはあっという間だから」などと、全く筋違いな話をしてくる。いくら説明しても無駄だと思ったＹ美は、Ｓ課長と相談してＫ子の担当業務を替え、突然休んでもできるだけ支障がない業務を担当してもらうこととした。

その後もK子は相変わらず育児を理由に急に休んだり、仕事を途中で放り出したりとやりたい放題のようだ。マタハラ加害者とされたS課長や、振り回されたY美をはじめとする同僚たちは苦々しく思っているが、会社が認めている以上、どうにもしようがない。

（私は将来、子供を産んだとしても、できるだけ迷惑をかけないようにしたいな……）

Y美はそんなことをぼんやりと考えている。

◆「それ、ハラスメントですよ」で脅されないために

育児と仕事の両立で悩む人は多いだろう。子育ては思いがけないことの連続で、自分自身でコントロールできないことも多々ある。しかし、仕事は常に相手があることであり、同僚や取引先、客など大勢の協力があって成り立っている。事前に分かっている予定であれば、皆が困らないように前もってスケジュールを管理しておくことは社会人としてのマナーだろう。

企業も、ハラスメントに対しての正しい認識を持って客観的な判断をすることが重要だ。

K子がS課長から受けた注意は、ごく当たり前の注意であり、マタハラには該当しない。「ハラスメント」という言葉を聞いただけで、きちんとした調査をせずに、一方の言い分だけを聞いていると、大きな判断ミスを犯す。

人事のお墨付きを得たK子が、今後どんどんモンスター化していくことは大いにあり得る。「言ったもの勝ち」の職場は、モンスター部下を養成してしまう大きな原因の1つとなるのだ。

ケース③
SNSにトンデモ動画、会社の誹謗中傷をアップしまくる20代社員

Aリース会社　概要

創業20年のオフィス機器をリースする会社。20代から30代の社員が多く、飲み会やバーベキューなど社内レクリエーションも多い。

登場人物

T田：20代半ばの男性営業社員。お酒好きで、お調子者。営業成績は悪くないが、事務処理が苦手で、締め切りにルーズなため、営業事務の社員からは評判が悪い。

H坂課長：40代前半の営業課長でT田の上司。妻と小学生の子供を持ち、仕事も家庭も順調。冷静で常識的な人物だが、小心者なところがある。

R子：30代後半の女性社員。営業事務を担当しており、ルーズなT田に手を焼いている。夫と二人暮らしで、夫婦仲は良好。

ある日LINEでまわってきた、トンデモ宴会画像

「課長、ちょっといいですか？　T田さんのことでお話ししたいことがあって……」

月曜の朝、H坂は出勤するとすぐに営業事務のR子から声をかけられた。R子はベテランの女性社員で、営業事務社員のリーダー的存在だ。

（またT田が何かやらかしたか？）T田はH坂の部下の営業社員だが、事務処理がルーズでしょっちゅう事務担当の社員から怒られていた。恐らくまたT田に対する文句だろうと思

い、R子を会議室に通した。

「実は、先週金曜の歓迎会の時の画像が回ってきたのですが、これってセクハラだと思うんです。見てください」

意外な話に驚いたH坂は、R子が出したスマートフォンの画面を覗き込んだ。T田がほぼ全裸でお盆を局部に当てている写真があり、どうやら営業所内のメンバーに送ってきたものらしい。

「私は金曜に用事があって、歓迎会に出ていなかったのですが、その時の様子を写した写真だそうです」

「見たくもない裸の写真を見せられて、本当に気持ち悪いです。これはセクハラです。止めさせてください」

H坂も歓迎会には参加したが、妻が風邪を引いて寝込んでいたため、早めに帰ったので裸になった経緯は分からない。しかし、お調子者のT田が酔って脱ぎだしたことは、安易に想像できた。（全く、学生じゃあるまいし……）とH坂は思いつつも、R子が過剰に反応しているようにも思えた。

「しょうがないな、T田は……。でも、あいつも悪気があったわけじゃないから」

とH坂が笑いながら言うと、R子はムッとした。

「悪気があるとかないとかじゃなくて、嫌がっている人がいるんだから、セクハラですよ！」

R子の強い口調に驚いたH坂は、「とりあえず、T田には言っておくから」と何とかR子をなだめた。

SNSをきっかけに取引先から契約解除の依頼が

H坂から注意を受けたT田は納得がいかない様子だった。

「宴会を盛り上げただけですよ。それに、別に女性を触ったわけじゃないし、俺が勝手に脱いだだけだし、問題ないんじゃないですか？」

「いや、お前の裸なんか誰も見たくないだろ。女性社員に送ったらヒンシュクだぞ？」

実はH坂も本音ではR子が少し過剰に反応していると思っていたので、笑いながらT田を叱責した。T田も、「えー？　俺の若い肉体を見て喜ばない女子もいるんですかね？」など、冗談めかして笑っていた。「とにかく、そういったものに過剰に反応する女性もいるから、気を付けるように」と軽く注意をして終わった。

数日後、取引先のある会社の総務部長からH坂に電話が入った。

「申し訳ないのですが、今月で御社との契約は解除させてください」

何の説明もなく、淡々とした口調で突然言われたH坂は驚いた。

「いや、ちょっと待ってください。突然どうしてですか？　何か事情があるのでしょうか？」

相手の総務部長は、冷静だが若干怒りを含んだ口調で理由を告げた。

「御社の営業のT田さんのとんでもない動画がSNSに出ていますよ。宴会の様子だと思いますが……」

「弊社も昨今はコンプライアンスを重視していますし、こういった動画を載せる社員がいるような会社さんとのお取引は続けられません」

何の話だかさっぱり分からなかったH坂は、相手に問題のSNSについて教えてもらい、即座に確認した。すると、T田が先日の宴会での様子を個人のSNSにアップしていたのだった。しかも、動画の内容は、T田が全裸で局部をお盆で隠しながら、ふざけて踊っているものだ。

そこには、他の社員が大笑いしている様子も写っており、知っている人が見れば、Aリース社の宴会であることはすぐに分かるものだ。

他の人のコメントを見ると、

「うけるー！」

という内容から、

「今どき宴会でこんなことしている会社ってどうなの？」

「これってセクハラじゃないの？　会社の質を疑うわー」

といったものもある。

社内の人間に画像が回っただけならまだしも、不特定多数が見るようなネット上に動画がアップされているとなると、大変な問題だ。ニュースで見たアルバイトの「バカッター」問題を思い浮かべたH坂は、真っ青になった。

＊バカッター……ツイッターの利用者が自らの反社会的行動を世間に晒し出す行為。飲食店のアルバイトが業務用の冷凍庫に寝そべってはしゃぐ写真などを投稿して、店が廃業に追い込まれた事件などがある。

サイトの掲示板に会社の悪口を投稿

H坂は、すぐにT田の他の投稿なども確認した。すると、T田が別のサイトの掲示板に頻繁に投稿していることが判明した。その掲示板を覗いてみると、明らかにT田の書き込みと思われるものがいくつか見つかった。そこには、会社への誹謗中傷や同僚に対する悪口が書き込まれていた。一部は伏字になっているが、社内の人間が見れば明らかに自社のことで誰を指しているかが分かるような内容だ。

「同僚のR○って女の性格がマジで最悪。更年期入ってるから、ヒステリー半端ない」
「○子が宴会の写真にセクハラとかケチつけてきたらしい。オバサンのくせに自意識過剰だよな」

（こんなものが表に出たら大変だ。すぐに対処しないと）と不安になったH坂はすぐに人事部に相談した。人事部の社員が早速T田に聞き取り調査を行い、投稿はすべて削除させ、懲戒処分とした。

T田は最後まで不服そうだったが、最終的には「今後は仕事に関する投稿は一切しない」という誓約書をしぶしぶ提出した。

◆SNSトラブルを防ぐためにできること

社員のSNSトラブルが増加している。ちょっと考えれば、不特定多数の人が見るネット上に誹謗中傷や問題ある画像・動画等を投稿すればどのようなことになるか分かりそうなものだが、こういったトラブルはいまだになくならない。自身の言動が世間にどう見られるのかという感覚や、ごく一般的なモラルが欠如しているのだ。

最近は新入社員研修でＳＮＳの使い方などを教えている会社もある。「そんなのは常識的に分かる」「ちょっと考えれば、どんなことになるか分かる」として野放しにしていると、思わぬトラブルに発展する可能性がある。事前にしっかりと対策を取っておくことが必要だ。

ケース④
「働き方改革」を伝家の宝刀に、やりたい放題の仮面イクメン部下

Ｇシステム社　概要
創業20年、従業員数80名ほどのシステム会社。主に企業のシステム構築等を請け負っている。以前は長時間労働が問題となっていたが、今はコンプライアンスに則った労務管理を徹底している。
登場人物
Ｈ本：20代後半の男性ＳＥで、1歳と3歳の子供がいるイクメン社員。仕事を中途半端に

放っておきつつ、育児を理由に残業を拒否したり、突然有休を取ったりするため、周囲からは疎まれている。

S山：30代半ばの技術部長でH本の上司。小学生の子供を持つ父親だが、仕事が忙しく、育児は妻に任せきり。

Y川：20代半ばの女性SEでH本の同僚。責任感が強く、仕事熱心。将来は仕事と家庭の両立を目指しており、現在、婚活中。

K島：Gシステム社の得意先の担当者で40代男性。仕事に厳しく、取引先に対する要求も高い。

子供を理由にドタキャンをくり返す

「部長、すみません。子供が熱を出したので、今日休みます」

S山のLINEに部下のH本からメッセージが入った。（またか……）とS山は思いつつも、「了解。お大事に」と返信すると、チームメンバーのY川にH本が休む旨を伝えた。Y川は、不満そうな顔で、

「今日はお客さんとの大事な打ち合わせの日ですよ。奥さんは専業主婦なんだから、今日1日くらい何とかなると思うんですけど」

とS山に訴えた。「奥さんも、小さなお子さんが2人いると、何かと大変なんだろう」とS山はY川をなだめたが、S山自身も内心同じことを思っていた。

「打ち合わせの段取りも資料もH本さんが準備していて、分かりませんよ」

と、Y川はS山に訴えた。S山はH本にLINEを入れたが、既読にならない。携帯や自宅に電話をしても留守電に切り替わってしまう。S山はY川と一緒にH本のパソコン内に資料がないかを探したが、それらしき資料は見当たらない。S山は仕方なく、得意先のK島に、「H本が体調不良で打ち合わせ日の変更をお願いしたい」と電話した。

「H本さんの予定で打ち合わせが延期になるのは今回で何度目でしたっけ？　まぁ具合が悪いんじゃ仕方ないけど、うちにも都合があるのでね」

K島は、電話口で不満を露わにした。上司として平謝りだったS山の様子を見ていたY川が、S山に「実は……」と話しかけた。

「H本さん、他のプロジェクトもいくつか滞っているんですけど、大丈夫ですかね？」

S山は週に一度のミーティングで常に部下の進捗状況を聞いているが、H本はいつも「順調に進んでいます」と報告していたので、驚いた。とにかく、H本が出勤してきたら確認してみることにした。

自己正当化のためにひたすら「働き方改革」を持ち出す

翌日、出勤してきたH本にS山が、滞っているプロジェクトの件について聞いてみた。H本は、「一部滞ってはいるが、お客さんから納期の変更について了解をもらっている」と、何も問題がないと報告した。その後、S山は昨日の打ち合わせが延期になった経緯についてH本と話した。

「大事な打ち合わせが入っているなら、連絡がとれる態勢にして、どう対応したらいいかを他の人に伝えるべきだ。資料の場所も分からず、打ち合わせの段取りも分からず、皆に迷惑をかけたんだぞ」

H本はS山の話を聞くと、気色ばんで反論した。

「子供を病院へ連れて行ったり看病したりで、LINEを見たり電話に出る余裕なんてありませんよ！　休んでいる社員に連絡をしてくる方がおかしいと思います」

S山は、「突然休むなら、周囲が困らないように常に情報を共有しておいたり、最低限の引き継ぎの連絡をするべきだ」と諭したが、H本は納得いかない様子だ。

「国も多様な働き方を推進するために、働き方改革を進めていますよね。うちの会社は子供が熱を出しても休まずに出てくるべきだと言うんですか？」

と、H本は論点をずらした反論をしてくる。

S山が、いくら「そうではなくて、休むにしても最低限迷惑をかけないようにしてほしい」と言っても話がかみ合わず、ひたすら「働き方改革」を伝家の宝刀のように持ち出す。S山もかみ合わない会話にだんだん面倒くさくなって、「とにかく、K島さんに謝罪の電話をしろ」と言うと、そのまま外出した。

引き継ぎを放棄したまま、突然のバックレ

数週間後のある朝、H本からS山にLINEが入った。（この時刻だと、また休みの連絡か？）と思いつつ、S山がメッセージを開くと、何と退職の連絡だった。

「会社の方向性に納得がいかず、体調不良が続き、今日付で退職します。病院に行ったところ、仕事のストレスで抑うつ状態と診断されました。退職届と引継書は私のパソコンのデスクトップに入っています」

驚いたS山がメンバーのY川に伝えると、Y川はすぐにH本のパソコンを立ち上げた。デスクトップには、『退職届』と『引継書』というファイルがあった。退職届には、本日付で退職する旨が記載されていた。一方、引継書には、具体的な内容は何も書かれておらず、単に「○○社の○○プロジェクト　進行中　納期　○月○日」と、進行中のプロジェクト名と納期だけが記載されていた。Y川は、怒りのあまり、声を荒らげた。

「何ですか、これ⁉　ふざけてますよ！　引継書でも何でもないじゃないですか！」

S山も呆然とした。H本は、リーダーとしてチームのプロジェクトを抱える一方で、いくつか小さなプロジェクトも1人で抱えている。それらについては、H本以外、誰も内容が分からない。S山とY川が2人でH本と連絡を取るも、LINEはおそらくブロックされており、電話も通じなくなっていた。

とにかく、すぐに状況を把握すべく、S山はY川に命じて、H本の担当していた業務の洗い出しをした。Y川がH本のパソコンにあるデータや資料、メールの履歴を探していると、H本のメール履歴から驚くものが出てきた。メールの相手先は転職エージェントで、その担当者に対して転職相談をしていたのだ。

「現職の労働環境が最悪で、体調が悪くても休むことができず、長時間労働を強制されている」

「転職先が決まったら、すぐに退職することは可能です。今のブラック会社には何の未練もない」

また、社内のグループウェアでは、関西支店の同期に対して、S山への愚痴や、自身の仕事へのいい加減な取り組みをメッセージしていた。

「取引先のK島、マジでむかつく。プロジェクトあえて手をつけずに放置していくつもりww」

「引き継ぎとかシラネ。どうせ責任取るのはS山じゃん。俺はメンタル不全でバックレ予定」

S山は怒りで震えたが、とにかく納期が迫っている案件の対応を急がなくてはならない。

そこへ、取引先のK島からH本宛に電話が入った。とりあえず、H本の代わりにS山が電話に出た。

「S山さん、お願いしている案件ですが大丈夫ですか？　明日が締め切りですが、H本さんから全く連絡がないから不安になってお電話したのですが……」

S山は、もはやどうにもならないと、K島に状況を説明し、今いる社員で責任を持って行うので、納期を少しだけ延ばしてほしいとお願いした。K島はかなり怒っていたが、今さら案件を別の会社に依頼するわけにもいかず、1週間だけ延長することで納得してくれた。

S山とY川をはじめ、他のメンバーも1週間、ほぼ徹夜で作業をこなし、延ばしてもらった納期に何とか間に合わせることができた。しかし、しばらくはH本の後処理で混乱を極めた。

その後分かったことだが、H本はGシステム社の競合の1つであるシステム会社に転職していた。しかも取引先を言いくるめて、Gシステム社で受注した案件を持っての転職だったようだ。

無責任で自分勝手なH本の件を教訓にして、S山はチーム内での情報共有等の仕組みを徹底的に見直すことにした。

（結果的に、無責任な奴が辞めてくれてよかったのかな……）

S山は複雑な気持ちであった。

◆「義務を果たさず権利だけ主張する部下」をどうするか

働く人それぞれの事情に合わせて多様な働き方が選択できる社会を実現させるための「働き方改革」の実現に向けて、長時間労働の是正や公正な待遇の確保などさまざまな法改正が行われた。もちろん、法律で定められた労働者の権利を会社が守らなくてはいけないのは当然だ。しかし、だからといって与えられた業務に対する責任を放棄していいということにはならない。

新入社員であれば、社会人としての仕事の進め方や責任などについて教育していくだろうが、すでに社会人として何年も経験を積んでいる人でもそれらを理解できていない人も見受けられる。

こういった人を部下に持った場合、上司としては非常に不安で頭が痛い。責任感のない部下に対しては、当たり前であるが重要なことは任せず、進捗管理や状況についてしっかりとコントロールしていく必要がある。

また、そうした部下の報告を鵜呑みにせず、上司は時折、自身の目で確かめることも必要だろう。他人を変えることは難しい。部下自身の責任の範囲において、しっかりと仕事を遂行する必要性は教育しつつも、現実的に大きなトラブルにならないための仕組みづくりも必要だろう。

ケース⑤
「成長できる仕事」しかやらない意識高い系モンスター

Y税理士事務所　概要

中小零細企業から上場企業まで幅広い顧客を持つ税理士事務所。記帳代行や税務申告といった一般的な税理士業務に加え、中小企業向けのコンサルティングも行っている。職員は20代から30代を中心に40名ほど。

登場人物

S木：30代前半の女性職員。新卒からY税理士事務所に入り、税理士資格を取得。丁寧な仕事ぶりと気遣いで顧客の信頼が厚い。今年から新人教育も担当することになった。

M原：今年の春に大学を卒業してY税理士事務所に入った新人男性職員。学生時代に起業した経験がある。自己啓発書やビジネスセミナーに参加することが大好きで、いわゆる「意識高い系」。

K田：今年の春に短大を卒業してY税理士事務所に入職した女性職員。専門職になりたくて、税理士資格取得を目指している。同期のM原のことは少し苦手に思っている。

Y川所長：Y税理士事務所の所長。サラリーマン時代に税理士資格を取り、20代のうちに開業。明るく大らかな性格で、業績も順調に伸ばしてきた。

ミスを注意すると「こんな仕事、AIに取って代わられますよ」

「やっぱ、税理士事務所ってオワコンでしょ。この事務所もあくまでもコンサルになるためのステップだしね」

K田は、仕事帰りに同期のM原に誘われて入ったカフェでかれこれ1時間近くM原のキャリアプランを一方的に聞かされ、うんざりしていた。今年の春にそれぞれ新卒としてY税理士事務所に入ったK田とM原は、同期が2人だけなので、何かと行動を一緒にすることが多い。M原は、学生時代に起業していた経験があるらしく、「ベンチャー企業の〇〇社の社長とは知り合いだ」「〇〇異業種交流会で〇〇さんと新たなビジネスモデルについて話した」などといった話題が多い。ごく普通の短大生で、専門的な仕事をしたいという気持ちからY事務所に入職したK田としては、異次元の話を聞いているようだ。最初は単純にM原の話に感心していたK田だが、だんだんとうんざりし始めていた。

（税理士事務所がオワコンって思っているなら、違う業界に就職すればよかったのに……）

K田はそんなふうに思いつつ、黙ってM原の話を聞いていた。

今年から新人の教育担当となったS木は悩んでいた。新人2名のうち、女性のK田は素直で覚えもよく、事務処理も丁寧で正確だ。一方で、男性のM原は、元気はいいのだが、細かいことが苦手なのか、数字の打ち間違い、チェックミスなどが目立ち、なかなか仕事を任せられない。もっと困るのは、注意をしても何かと言い訳してくることだった。

「M原君、この数字間違っていたから、入力をし直しておいてくれる？」とS木が指摘して修正を命じても、

「これってわざわざ入力する仕組みがどうかと思うんっすよね。これからの時代、作業レベルの業務はAIに取って代わられますからね」と、話をすり替えて、決して謝らない。

「いや、今の段階でまだうちの事務所にそういった仕組みはないから、とりあえず入力し直して」

とS木が再度依頼してようやく、不服そうな顔ながらも黙って作業をし始めた。

M原がそんな調子なので、S木はどう教育していくかについて悩み、所長のY川に相談したが、「まぁ、まだ若いからね。そのうち変わってくるでしょ」とあまり取り合わない。責任感が強いS木は、どうしたものかと頭を抱えていた。

薄っぺらい知識を得意げに客先に披露

そんなある日、6カ月の事務所内での研修を終えた新人2人は、S木の担当先の企業に同行することになった。

「今日はお客様との打ち合わせの様子を見ていて。事務所に帰った後で、何か質問があったら受けるから」

と、S木は事前に新人2人に言っておいたのだが、いざ、打ち合わせが始まると、M原がお客様に突然自分の意見を話し出した。

業績が当初の計画より上がっていないとS木に相談したお客様に対し、「ちょっといいですか」とM原が会話に割って入ってきた。

「数字に対して、絶対にコミットするという強い気持ちが一番大事だと思うんです。さまざまな施策を検討しているようですが、一度、ゼロベースで考えてみませんか？」

突然の発言にS木も客も驚いた。S木が、「今日はとりあえず、お客様の状況を把握して、改善提案は後日の打ち合わせで検討するから」とやんわりと諌めても、「経営にはスピードが大事ですよね」と、取り合わず、薄い知識を一生懸命アピールしだした。客の不快な表情にS木は冷や汗をかきながら、「また次回、改善策についてお話ししましょう」と強引に打ち合わせを終了させた。

「M原さん、どういうつもりですか？ 今日の打合せはとりあえず、見ていてくださいって言いましたよね？」

打ち合わせから戻る途中、S木は怒りを爆発させた。M原は反省するどころか、「お客様に有益な情報を与えるのは、プロとして当然だと思います」などと反論してきた。

「M原さんはまだ入職して数カ月で、知識もスキルも半人前です。プロ意識を持つことは素晴らしいけれど、自身の立場や能力を超えた言動は認められません！」

M原はS木の注意を聞きながらも、心の中は不満でいっぱいだった。その日の帰りにも、K田をカフェに誘い、S木への不満をぶちまけた。さすがに、K田もこの日のM原の言動には呆れていたので、M原に反論した。

「私たちは、まだS木さんが言うように半人前だと思う。M原さんの意識の高さはすごいと思うけれど、まずは与えられた仕事をしっかりとこなせるようになることが大事じゃない？」

M原は、「K田さんは、意識が低いよね」などと言って、今度はK田を〝ディスり〟だした。K田はムッとして、「とにかく、S木さんに謝った方がいいと思うよ」と言うと、カフェを出た。

与えられた仕事を放棄し、勝手に顧客の数字分析

次の日からM原は、S木が与える仕事について、今まで以上にえり好みをしだした。新人が担当する入力業務やファイリングなどをK田に押し付けて、勝手に顧客の数字分析などをし始めた。また、他の先輩から依頼される仕事についても、打ち合わせの同行で記録を取るなどは積極的に受けるが、地味で単純な作業となると、「自分はもっと成長できる仕事に集中したい」などと言って拒否する。S木は何度もM原に注意をしたり助言をしたりと、何とか改善されるように関わっていたが、M原は全く聞き入れようとしなかった。

ある日、M原が突然S木に、

「転職するので、今週いっぱいで退職します」

と言ってきた。何でも、SNSで知り合いになった社長の経営するベンチャー企業に移るとのことだった。

M原は、転職先は経営者も30代で、若手が成長できる環境だから楽しみだと浮かれていた。S木もK田も他の職員も、突然のことに驚いたが、内心ほっとした。M原は仕事をえり好みする上に、勝手なことをしてミスをしたり、知識も経験もないくせに顧客に偉そうに指導するので、クレームも多発していたのだ。

同期が退職して、新人1人になったK田だが、S木の熱心な指導でどんどん成長していった。自身も、一生懸命仕事に取り組むうちに、だんだんと面白さが分かってきて、もっと成長したいと自ら税理士資格を取る学校にも通い始めた。

一方、転職したM原については、しばらく音信不通だったが、K田が久しぶりにSNSでM原の投稿を目にすると、転職先のベンチャー企業もすでに退職したようだ。どうやら次は投資家を目指すため、海外の投資家に会いに行くらしい。

◆意識高い系部下の活かし方

M原のように、いわゆる「意識高い系」の人の中には、理想の自分と世間から見た自分とのギャップに気づかず、やたら「自分はすごいのだ」「誰かに認めてほしい」という承認欲求が強い人がいる。こういった人が部下になると、M原のように仕事のえり好みをしたり、承認されないと周囲をバカにしたりすることもあり、上司としては非常に扱いにくい。

しかし、一方で、自分が納得したことに対しては、努力を惜しまないという一面もある。本人の意識が高いところはしっかりと承認してあげて、相手との信頼関係を事前に作っておくことが必要だ。その上で、1つひとつの仕事の意味づけを伝え、相手の成長意欲をいい方向に持っていけると、案外大化けすることもある。

モンスター部下の短所は長所にもなり得るのだ。

ケース⑥
一方的に異性を追いかけ歯どめがきかないストーカー社員

N精密機械　概要

創業60年の精密機械製造会社。従業員数１５０名ほどで、女性社員は全体の１割程度。比較的古い社風で、運動会や社員旅行などの社内行事も多い。

登場人物

R子：新卒で入社した20代前半の女性社員。男性ばかりの部署で紅一点。ノリが良く、明るい性格なので、部署内の人気者。

Y川：入社10年以上経つ30代前半の男性社員。R子と同じ部署で、R子に好意を持っている。あまり人付き合いは得意ではなく、仕事は真面目。

S山課長：R子とY川の上司。40代前半の男性。大らかで面倒見がいい性格。妻と小学生の息子がいる。

O沼：R子と同期入社の20代男性社員。R子と部署は違うが、同期ということもあり仲が良いが、異性としてはお互いに全く意識していない。

「地味だけれど、できる社員」の裏の顔

「Y川さん、本当にしつこくて迷惑しているんだよね。どうしたら諦めてくれるんだろう」

仕事終わりに同期のO沼を居酒屋に誘ったR子は、グラスのビールを一気に飲み干すと、忌々しげにO沼に悩みを打ち明けた。

R子は先月、同じ部署で働く10歳近く年上のY川から「付き合ってほしい」と告白され、「異性として見ることはできない」とはっきり断った。しかし、その後もY川は、「君を諦めきれない」「振り向いてくれるように頑張る」と言って、しつこくLINEや電話をしてくるので、R子は困り果てていた。

R子の話を聞いていたO沼は、

「お前がもっとはっきり断った方がY川さんも諦めがつくんじゃない？」

と適当に返答したところ、R子がムッとした。

「何回もはっきり断っているから！　こういうの迷惑だって言っているのに、それでもしつこく連絡してくるんだよ？　私はどうすればいいわけ？」

R子は憤慨して2杯目のビールを飲み干した。

O沼は、「まぁまぁ、そう怒るなよ」となだめ、「やっぱり課長に相談した方がいいと思うよ。若干ストーカーじみてるし」

と、言うと、R子のグラスにビールを注いだ。

R子は、「やっぱりそうした方がいいかな？」と少し考え込んだ。

「実はさ、この間Y川さん、私の自宅にまで来たんだよね」

R子はため息をつくと、その時の様子をO沼に話し出した。

ここ2週間ほど、あまりに連絡がしつこいので、電話もLINEも無視していたところ、休日に突然自宅のチャイムが鳴り、母親が出たところ、Y川が訪ねてきたというのだ。

「え？　マジで？　何の用があったの？」

さすがにO沼も驚いた。

「用なんてないよ。うちの母親には、『R子さんの忘れ物を届けに来た』とか言ったみたい」

「仕方なく玄関に出たら、『どうして連絡を無視するんだ』とか言って。本当、怖いよ」

「今後は連絡を無視しないって約束しないと、帰らない」と言ってY川は居座ったらしいが、何とか説得してその日は帰ってもらったという。

「それは、さすがにマズイだろ……」

O沼も言葉を失った。さっきまで威勢よく話していたR子が、うっすらと涙を浮かべていた。

「もう会社に行くのも嫌だ……」

比較的気が強いR子の悩む姿に、気の毒に思ったO沼は、「明日俺も一緒に付いてくから、課長に相談しよう。大丈夫だよ」と言って、R子を元気づけた。

告白して振られたものの、ストーカー化

「うーん。Y川がねぇ……。意外な気もするけど、あいつは恋愛経験が少なそうだからなぁ」

R子とO沼から相談されたS山課長は、腕組みして考え込んだ。

Y川の社内での評判は決して悪くない。仕事は真面目だし、技術力も高い。女性社員が少ないN精密機械では、こういった問題がほとんどなかったので、課長もどう対応していいか戸惑った。しかし、R子が、「Y川さんがこれ以上しつこくしてくるなら、会社を辞めようと思う」とまで言うのを聞いて、「Y川と話してみるよ」と言って、Y川を会議室に呼び出した。

会議室に来たY川に、課長は単刀直入に尋ねた。

「Y川、実はR子とO沼が今朝俺のところに来て、お前がR子にしつこく連絡してくるので困っていると相談を受けた。実際どうなんだ？」

Y川は一瞬驚いた表情をしたが、すぐに険しい顔つきになって、「O沼も一緒に来たんですか？」と聞いた。課長は、R子も恐らく1人では相談しにくかったから、同期で仲のいいO沼に付いてきてもらったんだろうと言った。Y川はしばらく黙っていたが、意を決したように話し出した。

「以前R子に告白して一度は断られましたが、諦めることができなくて。それでつい連絡してしまいました」

「そうか……。好きだという感情は仕方ないが、相手はその気がないんだから、もうこれ以上プライベートで連絡したりするな」

課長は、Y川を少し気の毒に思いながらも、個人的に連絡はしないようにと釘を刺した。しかし、課長から注意をされた後も、Y川は執拗にR子に一方的にメッセージや電話をしてきた。R子はさすがに怖くなり、家族に相談したところ、両親が会社に「Y川を何とかしないと、法的措置を取る！」と言ってきた。

課長もさすがにまずいと思い、役員に相談し、Y川を地方の第2工場に転勤させることにした。しかし、課長が転勤の打診をしたところ、Y川は「現在、うつ病を発症し、心療内科で治療を受けている。しばらく休職したい」と言って、診断書を持ってきた。診断書には3カ月の療養が必要と記載されている。会社は仕方なく、まずはY川に3カ月の休職をさせることにした。

自分を振った相手のあることないことを噂に

Y川が休職して、R子がホッとしたのもつかの間、社内で変な噂が流れだした。

「R子が真面目なY川を誘惑し、その裏でO沼と二股をかけており、ショックを受けたY川が病気になってしまった」

「R子は男関係が激しく、社内でも何人もの男性にモーションをかけている」

別の部署の同期社員から、こういった噂が流れているよ、と知らされたR子は驚いた。すべて事実無根で、どうしてそんな噂が流れたのか分からない。

「誰がそんな噂を流しているの？」

とR子が聞くと、

「多分だけど、Y川さんだと思う。R子に弄ばれた、みたいなことを言っていたみたい」

と、同期は言いにくそうに伝えた。

R子は、「弄んだことはないし、最初に告白された際にはっきり断った」と反論したが、

「そうだったんだ。でも、Y川さんって真面目だし、社内で評価も高かったから、話を信じている人も多いと思う」

と、同期は気の毒そうに言った。R子は、早速課長に相談するも、「Y川が言ったっていう証拠もないしなぁ……」と真相解明には及び腰だった。そのうち、R子の携帯に知らない

アドレスからメールが入った。不審に思ったR子がメールを開くと、それはY川からだった。

「R子が連絡を無視するから、自分はうつ病になった」

「体調が悪く、今後仕事に復帰できるか不安だ。自分がこうなったのは、R子のせいだ。どう責任をとるのか？」

「最近は帰りも遅いみたいだが、誰か別の人と付き合っているのか？」

など、R子を監視していることを匂わせる内容で、R子は恐怖に怯えた。R子は再度課長に相談し、課長はY川からのR子へのメールの内容を役員に伝えた。会社はついにY川に懲戒を科すこととし、始末書を書かせることにした。課長はY川に連絡を取ろうと電話したり、メールを入れたりしたが、一向に返答がなかった。仕方なく、課長はY川の自宅を訪れることにした。

ついには実家の父親が登場する事態に……

S山課長が休職中のY川のアパートを訪ねると、Y川は自宅にいた。夕方で薄暗い室内の電気もつけず、Y川はベッドの上でじっと座って黙り込んでいる。課長は、R子に対するメールの件や、社内での噂の件などを確認し、始末書を書いてもらうことになったと告げた。最初は黙り込んでいたY川だが、だんだんと感情が高ぶってきたのか、ついに号泣しながら自分の気持ちを話し出した。

「R子のことがとても好きで、諦めることができない」

「諦めずにアタックし続ければ、R子も自分の方を向いてくれると信じている」

「R子に変な男が近寄らないように、毎日自宅の前で様子をうかがっている」

課長は、Y川の話を聞いて、

「そういった言動は、R子にとっては迷惑で、振り向くどころか、Y川を嫌いになってしまう。今すぐやめるべきだ」

と、説得したが、Y川は首を縦に振らない。課長は、「このままY川がこういった言動をやめないのであれば、R子は警察に相談に行くとまで言っている」と伝えると、Y川はそれきり黙り込んでしまった。課長は、「とにかく、体調も悪いようだし、休職中は実家に帰ったらどうだ？」とY川を気遣った。Y川は、黙ってうなずき、課長もその日はいったん引き揚げた。

翌日、課長はY川の身元保証人である地方在住のY川の父親に連絡を取った。父親は課長から事情を聞くと、「ご迷惑をおかけしました」と言って、Y川を実家に呼んで休養させ、R子に近寄らないように様子を見ると約束した。

ほどなくして、実家に帰ったY川は、その後、休職期間が終わる前に退職してしまった。父親が説得し、実家近くで再就職させることにしたらしい。Y川からの連絡もなくなり、噂もようやく静まったので、R子もホッとしたのだった。

◆職場でストーカー行為が発覚した場合

職場内での恋愛はよく聞く話だし、人間の自然な感情なので否定はできない。しかし、恋愛関係がこじれてその影響で職場の秩序が乱されるとなると話は別だ。ましてや、Y川のように相手の気持ちを考えず、一方的に愛情を押し付けて相手に迷惑をかける行為は、職場内に限らず問題だ。相手の立場に立って考えれば、自分のしていることがどれだけ迷惑で恐怖を与えているか分かりそうなものだが、そのような視点はない。

確かに、恋愛というのは人の感情を大きく揺さぶり、時には常識を超えた言動に走らせることもあるだろう。こういった感情を他人がコントロールすることはできない。

しかし、万が一職場でそのような問題が生じた場合、会社としては毅然とした対応が求められる。相手に一方的に好意を持ち迷惑行為に及んだり、恋愛関係がこじれて恨みを募らせストーカー化したり、事件を起こしたりということは日常的に発生している。万が一のことがあった場合を想定し、会社が事前に防止対策を取っておくことは必要だろう。

社内恋愛や社内不倫などについては、話がこじれると、セクハラやストーカーといった問題に発展するケースが少なくない。もし、そういった問題が起きた場合は、相談できる体制や、事実確認と規則に則った冷静な対処が求められる。

「あくまでも個人の問題だから」と言って放っておくと、大きなトラブルに発展する可能性もあることを認識しておきたい。

第2章

モンスター量産のメカニズム

なぜモンスター化してしまうのか

第1章では、若年層のモンスター部下の事例を中心に取り上げてきた。紹介した事例の特徴としては、その「自己中心性」と「幼稚性」が挙げられるだろう。

特に、20代、30代の部下を見ていて、「個の尊重」と「自分勝手」をはき違えていると捉える上司世代も少なくないのではないだろうか。

世代間の価値観の違いに関していうと、やはり働く動機に大きな違いがあるだろう。学校教育が大きく変わり、「個性尊重」「競わない」「褒めて育てる」という方針の中で育った若者は、仕事に対して「報酬」や「昇進」よりも「やりがい」「プライベートの充実」「人間関係のよさ」を求めるのも当然といえる。そういった若者に対し、50歳前後のバブル世代は「24時間働けますか?」というコピーのCMを見て、仕事に遊びにと豪快に20代を謳歌した世代だ。頑張った結果が昇給・昇進であり、働く動機も分かりやすい。

そんなバブル世代上司に対して、

「残業代が出ないなら、飲み会は出ません」

と言った若者が、

「新人のくせに、何考えてんだ？　仕事で結果も出していないくせに」

などと言われたら戸惑うのも致し方ないのかもしれない。

学校を卒業するまでずっと学校にも親にもお客様扱いされて大事に育てられた若者が、会社に入って突然、理不尽と思われる指導を受けたり、自立を要求されたりしても難しいだろう。また、会社の方でも新人育成にかけるコストを削減し、「時間をかけて育てる」という余裕がなくなっている。

社会経済情勢も大きく変動した。年功序列については、すでに多くの企業で廃止され、真面目に頑張って定年まで働けば、人並みの生活ができるという保証もなくなった。技術革新が大きく進み、今の自分の仕事が将来まであるとも限らない。とりあえず大手企業に就職すれば安泰だという話も成り立たなくなっているのは周知の事実だ。

そういった中で、「より自分らしく生きたい」「組織に振り回されないキャリアを築きたい」「仕事だけの人生は嫌だ」と考えるのは当然だろう。若者が「より個性を尊重してくれる会社」「自由な働き方ができる会社」を求め、一方的な転勤や望まない昇進を断るのも、やはり価値観の変化によるものなのだ。

しかし、異なる価値観を持つ上司世代には、若者のこの価値観が「自分本位」「欲がない」と映り、理解が難しい。そういった中で、お互いの価値観がぶつかり合い、上司には「モンスター部下」に見えることもあるのだろう。

こういった部下の言動は、価値観の違いによるものであり、常軌を逸した言動や、あり得ない要求や主張を行う、いわゆる「モンスター部下」とは違うものだ。しかし、価値観が大きく異なる者同士が同じ組織で働き、それぞれが主張をぶつけ合い、お互いを理解しようと歩み寄らないと、極端な要求や主張を行うようになる「モンスター」に化ける可能性もあるのだ。

大人も、若者も、幼稚化している？

「日本社会が幼稚化している」ということを感じている人は少なくないだろう。いい年齢をした大人が、中学生や高校生が使うような言葉を使ったり、「荒れる成人式」や「渋谷のハロウィンでの騒動」なども、大人が起こしている。ああいった騒動がテレビで流れるたびに、眉をひそめる人も多いだろう。

一方で、ワイドショーで意見を求められたコメンテーターは、「大人としての自覚を持ってほしい」「周囲に迷惑をかける行為をするのは、とんでもない」と厳しいコメントを出す。しかし、こういった問題が生じる原因や背景に言及するコメントはテレビではほとんど見受けられないように感じる。テレビでは、分かりやすいコメント、「白か黒か」が求められるのだろう。そして、年齢を問わず、視聴者の大多数は、こういった騒動がなぜ起きるのか、どうすれば防げるのかを掘り下げて考えず、テレビのコメントに賛同し、「最近の若者はモラルが低い」「何て迷惑な人たちだ！」と憤慨するだけだ。

若者に限らず、ほとんどの大人が、物事を深く考えず、「白か黒か」「セーフかアウトか」といった価値基準だけで判断をしているかに思われる。そして、大多数の意見に反論を述べる人を、「空気が読めない人」として、変わり者扱いする。場合によっては、「そんな意見はけしからん！」としてバッシングを浴びせる。

物事は、白か黒かハッキリさせられないことの方が多く、多面的に捉えないと本質は見えてこない。しかし、そういった意見は「分かりにくい」ので、テレビの前の視聴者にはあまり受けがよくないのだろう（もしくは、マスコミが「受けがよくない」と考えているのだろう）。

こうして、テレビでは「分かりやすい意見」が多数派として流され、視聴者もそれをあたかも自分自身の意見であるように思い込む。

「分かりやすい意見に迎合する人」というのは、言い換えると、「自分で考えず、大多数の意見に流される人」とも言えるだろう。こういう人が大多数であれば、社会は経済的に潤いやすい。流行に流され、皆が持っている物だから、皆が見ている番組だから、と消費に積極的になってくれれば経済は潤うのだ。大多数の人が、「物事を考えない人」になる社会は、言い換えれば、幼稚化した社会だ。

自律した大人は、「自分で考える力」「孤独に耐える力」を持つ。物事を多面的に見て、自分なりに考え、自分の意見として表明することができるが、幼稚化した社会ではそのような大人が少なくなってしまった。年齢だけを重ねた大人が、物事を一方向だけで見て（見せられて）、「白だ」「黒だ」と大騒ぎする。そして、自分の意見が周囲と同じであることに安心を覚える。

周囲と違う意見でも「自分はこう考える」と表明できる自身の軸がなく、周囲の人間も違う意見には耳を貸さない。また、耳を貸さないどころか、大多数の意見に反した少数意見については、「そんな意見は間違っている」と過剰なバッシングを浴びることもある。こうして、社会には分かりやすい意見だけが通り、それに迎合する幼稚化した大人が増加していくのだ。

なぜ若手は職場の電話に出ないのか

スマートフォンの普及により、コミュニケーションツールも様々な選択が可能となった。昭和の時代は、固定電話とせいぜいＦＡＸだった連絡ツールが、メール、チャットなどが大きな役割を果たすようになっている。

まだ携帯電話などない時代、友人と連絡を取りたい場合には、家の固定電話に電話をして、家族が出たら友人に取り次ぐように依頼した。そうした時の会話は、子供の頃から自然に身についてきたものだ。しかし、最近は家に固定電話を設置していないという家庭も増えており、2018年の総務省の「通信利用動向調査」では、固定電話の保有率は世帯単位、世帯主年齢階層別で、20代は5・2％、30代では29・3％、全体でも71・0％であった。

携帯電話があれば、固定電話の必要性は低くなる。20代の人は、家の固定電話にかけたり、受けたりという経験が少なく、直接友人につながる携帯電話での通話に慣れている。固定電話にかける際は、「○○と申しますが、△△さんいらっしゃいますか？」など、話したい相手が出る前にワンクッション置かなければならないが、携帯電話は本人しか出ないので、「元気？」など、すぐに直接的な会話ができる。

管理職からは、「最近の若手は電話が苦手なようで、出たがらない」という話をよく聞く。固定電話に慣れていない若者にとっては、やはり苦手意識や戸惑いがあるのだろう。

さらに、LINEやチャットなどは、短い会話のような文章をテンポよくやり取りし、時にはスタンプや絵文字などで感情を表現する。こういったツールを使用したコミュニケーションばかりだと、語彙力は低下する。言葉は時代とともに変化するものなので、一概に若い人が使用する言葉を批判するつもりはない。しかし、社会人ともなった大人が、職場など公の場で、「うまっ」「やばっ」だけで自身の感想を表現するのは幼稚性を感じる。語彙力の低い人は、自身の考えや感情を適切に表現することが難しい。また、言葉は創造の源でもある。豊かな発想は豊かな語彙力から生まれるといっても過言ではない。

また、ＬＩＮＥやチャットなどは、「いつでもつながる」ということで、やりとりのスピードも重視される。ＬＩＮＥなどでは、「既読スルー」といって、メッセージを相手が読んだにもかかわらず、返信が来ないと、「無視された」「失礼だ」といった捉え方をされてしまうことがある。しかし、「いつでもつながる」ということは、相手の状況に関わりなく一方的にメッセージを送っているということでもある。メッセージは確認したが、少し考え、確認をしてから返信をしたいこともあるだろう。また、メッセージは確認したものの、手が離せない状況で返信できないということもあるだろう。そういった相手の状況を思いやる気持ちがあれば、「相手が既読スルーした」とすぐに不快になったり、「無視されたのかも」と不安に思うこともないだろう。お互いの見えていない状況を想像することをしないまま、自分の一方的な捉え方で人間関係をこじらせている人が若い人を中心に増えている。

「メッセージを受け取ったら、すぐに確認して返信をするべきだ」という正義に反した行動は、許しがたい。相手の状況を想像することなく、自分の一方的な価値観で相手が間違っているという判断をするのだ。

そして、不快な相手とのコミュニケーションは、メッセージアプリなどでは簡単に相手を拒否（ブロック）することができる。突然訳も分からずブロックされた相手がどのような気持ちになるかという想像力は、そこでは働かない。

SNS社会が生み出す承認欲求モンスター

SNSの普及もコミュニケーションに大きな変革をもたらしたといえる。SNSでは、自分の状況や思いを自由に発信し、それに対して「いいね！」をもらう。「いいね！」の数やフォロワー数が増えると、自分自身がSNSの世界で「受け入れられたい」「承認されたい」という欲求が満たされる。もちろん、承認欲求は誰にでもあるので、それ自体は悪いことではない。しかし、他者から承認されることで満たされるということは、裏を返せば、自分自身に自信がなく、他者評価に依存するということでもある。他者からの承認欲求が異常に強いと、その欲求が満たされない時に大きな欲求不満を抱える。そして、「世間に自分を認めてほしい」「自分の存在を知らしめたい」という自己顕示欲が誤った方向に向いてしまう。

自分の存在を世間に知らしめたくて、問題行動を起こし注目を浴びようとする。ニュースなどで取り上げられる、悪ふざけや犯罪などの反社会的行動をＳＮＳ等にアップして騒動となる事件は、誤った自己顕示欲と承認欲求の表れだろう。

職場のモンスター社員のタイプはさまざまだが、この「誤った自己顕示欲」が増大し、問題行動を起こすケースは比較的多い。仕事で会社や上司や同僚から能力を認められ、活躍している社員は、十分に承認欲求が満たされる。やりがいを感じ、ますます仕事で自己実現を図っていこうと意欲的に取り組むだろう。

しかし、自分の仕事が周囲に認められていないと感じた社員は承認欲求が満たされず、不満を抱く。それをバネにして、もっと仕事で認められるために努力をしようという建設的な方向に向けばいいのだが、「自分は正しい」という一方的で自己中心的な考えに支配されると、誤った方向に向くことがある。自己の存在を確認するために、嘘や策略で人間関係をコントロールしようとしたり、自分の能力も顧みずに、周囲を批判したりするなどの問題行動に出る。こういったモンスター社員の根底には、誤った自己顕示欲が隠れていることが多い。

他者からの承認は、時に励みになったり、頑張るエネルギーになるが、そこに依存しすぎると、自分の思うような承認を得られない時に自信を喪失したり、大きな不満を抱いたりするようになってしまうのだ。

「無責任な人」は生まれるべくして生まれている

モラルの低いモンスター社員の特徴の1つに「無責任さ」が挙げられるだろう。無責任な人は、自分本位であったり、依存心が強かったり、臆病であったりと、他人の気持ちを量れない言動がうかがえる。無責任さを生む背景はいろいろとあるだろうが、環境要因が大きく影響しているように思う。

子供を甘やかす親のもとで育った人は、自分がしなくても、誰かがやってくれる、誰かが何とかしてくれるという依存心が強くなる傾向はあるだろう。子供の頃から、自分自身の責任で物事を完遂させなくても、親が何かにつけて手出しをしてしまう。そのような環境で育った場合、自分自身で最後まで物事に取り組むという経験が不足しているのかもしれない。

失敗が許されない環境というのも、無責任さを生む要因になる。人は生きていく中で数々の失敗を経験するものだが、失敗についてひどく責められたりすると、失敗を恐れて行動しなくなる。自分が何かを行うことで責められるくらいなら、初めから何もしない、関わらないのが一番という思考になる。

これは、社会人となってからの環境にも大きく影響を受けるだろう。筆者が見てきた企業でも、経営者や幹部社員が失敗に対して不寛容な企業は、社員も、挑戦したり、自ら責任を持って行動したりすることに対して臆病になる。万が一失敗した時に、ひどく責められたり、降格させられたり、場合によっては解雇される可能性を考え、あえて責任を取らないという選択をするのだ。本人の性質もあるが、環境によるものも大きいといえる。

思考力が乏しく、他人の気持ちを量れない人も無責任になりがちだ。自分さえよければいい、という損得勘定で物事を判断するため、自分の得にならないことについては、一切関わらない。

世間では、白か黒かの分かりやすい思考が求められると、判断基準が「損か得か」という自分本位なものになりがちだ。その中で、自分の得にはならないかもしれないが、皆のために、社会のために行動するということが、バカバカしく思われるのだ。

モラルの低いモンスター社員は、時に「自分は損をしたくない」「責任を取りたくない」「自分がやらなくても誰かがやるだろう」という無責任な行動を取る。そういった人を生み出している社会の構造的な問題もあるのだろう。

「ハラスメント狩り」が怖くて何も言えない上司

職場のパワーハラスメント問題が取り上げられるようになり、現場管理職の間では、ちょっとした混乱が起きているという相談をよく受ける。自分が新人の頃に受けたような指導をすると、「それってパワハラですよね?」などと言われてしまい、怖くて指導もできないという。

当たり前だが、指導とパワハラは違う。職場のパワーハラスメントは、厚生労働省が開催した「職場のいじめ・嫌がらせ問題に関する円卓会議」において2012年に以下のように定義された。

「同じ職場で働く者に対して、職務上の地位や人間関係などの職場内の優位性を背景に、業務の適正な範囲を超えて、精神的・身体的苦痛を与える又は職場環境を悪化させる行為」

さらに、職場のパワーハラスメントの６類型として、裁判例や個別労働関係紛争処理事案に基づき、以下のように整理した。

①身体的な攻撃
　暴行・傷害
②精神的な攻撃
　脅迫・名誉毀損・侮辱・ひどい暴言
③人間関係からの切り離し
　隔離・仲間外し・無視
④過大な要求
　業務上明らかに不要なことや遂行不可能なことの強制、仕事の妨害
⑤過小な要求
　業務上の合理性なく、能力や経験とかけ離れた程度の低い仕事を命じることや仕事を与えないこと

⑥個の侵害

私的なことに過度に立ち入ること

これらの行為以外にもパワハラとされるような言動もあるだろうが、判断基準として定義や類型について知識を持っておくことは重要だ。あくまでも、「業務の適正な範囲を超えて、精神的・身体的苦痛を与えたり、職場環境を悪化させる行為」が問題なのであって、業務上必要で適切な指導はパワハラには該当しない。

例えば、部下がミスをした際に、

「バカ野郎！　毎回同じようなミスをしやがって、いったいどういう育ち方をしたんだ！」

と、怒鳴って部下の人格を否定するような発言をしたら、それはパワハラに該当してくるだろう。しかし、部下のミスについて、部下の人格に言及するのではなく、冷静にミスという行為について叱り、今後同じような失敗をしないための指導をするのであれば、それは必要な指導である。

職場で常にICレコーダーを隠し持つ部下

しかし、中には、必要な指導を受けているにもかかわらず、「叱られた」＝「パワーハラスメント」と誤解して、「パワハラを受けた」と騒ぎ立てる部下がいる。

上司も自分の言動がパワハラに該当するかどうかの確信が持てず、「パワハラ上司」のレッテルを恐れて、必要な指導も行うことができない。これは、上司としての職務を放棄していることになり、組織にとっては非常に問題だ。上司としては、パワハラに関する知識を得て、自身の指導内容に問題がないかを確認する必要がある。特に、感情的になりやすい上司は注意が必要だ。

最近では、パワハラを受けた際に訴えるための証拠として上司との会話は常にICレコーダーに録音しているという部下の話を聞くこともある。もちろんパワハラを受けていて、何かしらの証拠を得るために録音することは1つの防衛手段だろう。しかし、部下側がパワハラの定義を誤って認識し、何でもかんでもパワハラだと言って、社内を混乱させ、業務に支障を来たしているケースも少なくない。

特に自己中心的なモンスター社員は、何事も自分に都合のいいように解釈するので、注意が必要だ。

モンスター部下は大きく見ると2タイプ

部下がモンスター化していく背景には、これまで述べてきたようにさまざまな要因がある。モンスター部下のタイプとしては、大きく2つに分けられる。

第1章で紹介した「自己中心的で幼稚なタイプ」と、「そもそものモラルが非常に低い」タイプがいる。

次章では、モラルが非常に低い「低モラル・モンスター」について紹介する。もしかしたら、似たような事例を経験した管理職もいるかもしれない。低モラル・モンスター部下がどのような行動を取るのか、参考にしてほしい。

また、超高齢化社会を迎え、シニア職のモンスター化も目立つようになってきた。自分より年上の部下を持つ管理職の中には、彼らの対応に困っている者も少なくないだろう。高齢モンスター部下の事例も第4章に取り上げたので、参考にしてほしい。

第3章

低モラル社員の暴走は止まらない

ケース①

内緒の副業に経費不正、そして脱税まで？「闇収入」モンスター

R社団法人　概要

とある業界団体で、設立35年目を迎える。理事、職員の数は15名ほどで、のんびりとした職場なので人の入れ替わりもあまりない。

登場人物

M原：元地方公務員で、経営コンサルタントとして独立開業したが、上手くいかず、R社団法人に6年前に入職。40代独身の男性。仕事ができず、やる気もない。

S井：R社団法人入職15年目の40代男性。仕事熱心で、正義感が強い。M原のいい加減な仕事ぶりに辟易している。

K田：R社団法人常務理事の60代男性。事なかれ主義で、面倒なことからは逃げたり、部下に押し付ける傾向がある。

A山：50代女性ベテラン事務パート職員。R社団法人内の経理・総務業務を担当している。

前年に比べて住民税が不自然に安すぎる……？

「K田さん、M原さんの住民税が去年に比べてかなり安いんですけど、何かの間違いじゃないですかね？」

パートのA山が書類を片手に常務理事のK田に声をかけた。A山いわく、自分より年収が3倍以上多いはずのM原の住民税がA山と比べても、だいぶ低いという。K田が書類を見ると、確かに前年と比べてもM原の住民税額がかなり低い。A山は、もしかしたら自分が計算した年末調整の金額が間違っていたか、市役所に提出した給与支払い報告書の金額が間違っていたのでは？　と思って慌てて確認したが、特に間違いはなかったとのことだった。

「税理士の先生に聞いてみたら？」とK田は他人事のように返すと、会合があると言って出かけてしまった。

A山が顧問税理士に電話で問い合わせてみると、M原が何らかの事情で確定申告をしているか、もしくは市役所の処理ミスということもあるかもしれないとのことだった。A山は隣の席のS井に相談した。S井は自分がM原に確認してみると言った。

次の日、S井がM原に聞いてみると、最初はのらりくらりと「思い当たることはない」「市役所が間違えたのでは？」と返答していたが、ついには副業をしていて確定申告をしていたと認めた。何でも経営コンサルタントとしてある会社と契約をしていて事業所得が発生しているというのだ。R社団法人では副業は就業規則で禁止されている上に、違反した場合は懲戒解雇と定めてある。本業の仕事ぶりがいい加減なM原が副業をしていたことで、S井は腹立たしく思った。「とにかく自分から常務に報告しろよ」と言って話を切り上げた。

実家の母親に年間200万円を「給与」として仕送り

S井がM原との話をA山に伝えると、A山が不審そうな顔をした。

「でも、副業しているなら普通は所得が増えて住民税は上がりますよね？　なんか変ですよ」

S井は税務関係についてはあまり詳しくないので、何とも言えない。A山が税理士に再度電話して聞いてみたところ、「事業所得であれば、おそらく経費をいろいろと計上しているのでは?」とのことだった。正義感の強いA山は、M原が不正に経費を計上しているのかもしれないと思い、S井と一緒にM原を問い詰めた。

M原は、「自分は何も不正なことはしていない」の一点張りだ。A山が、「そんなに言うなら、提出した確定申告書を見せてください」と言うと、当初は渋っていたM原だが、観念したように確定申告書をA山に見せた。

A山とS井が確認すると、とんでもない申告内容に2人とも驚き呆れ果てた。経営コンサルタントとしての収入は年間20万円ほどしかないのに、経費が350万円ほどかかったことになっている。自宅の家賃や携帯電話の費用、プライベートの外食代などがすべて経費算入されており、離れて暮らす70歳を超えた実家の母親に対しても従業員として年間200万円近い給与を支払ったことになっている。副業としての経営コンサルタント業で出した赤字をR社団法人の給与所得と相殺し、結果としてほとんど収入がない形にして申告していたのだった。

副業をしていただけならまだしも、脱税ともいえる行為をしているとなると、大変な問題

だ。S井はM原に対し、

「黙って副業くらいならまだしも、これは不正だぞ。大変な問題だ」

と、声を荒らげたがM原は「不正なことはやっていない」としらを切っている。S井は、「とにかく知ってしまった以上は理事に報告するから」と言って話を切り上げた。

退職勧奨を受け、辞める前に会社に嫌がらせ

M原の問題行為をS井が理事に報告すると、大問題となった。臨時の理事会が開かれ、M原に意見聴取を行ったが、M原はあくまでも「不正行為はない」と言い張る。しかも、「懲戒解雇をするなら勝手にどうぞ。その代わり、私も黙ってはいませんよ」と不穏な言葉で脅してきた。理事会は弁護士にも相談の上、懲戒解雇ではなく、退職勧奨を行うことにした。理事会からM原に退職勧奨を行うと意外にもすんなりとM原は応じた。

S井とA山は、「多分、退職勧奨をごねて、不正を暴かれる方がマズイと思ったのだろう」と話していた。

退職勧奨が行われた次の日から、M原は有給休暇消化に入った。M原の担当業務を整理しようとS井がM原のパソコンを立ち上げると、何と、ほとんどのデータが消えている。驚いたS井が職員で共有しているフォルダを見ると、そこからもM原が担当していた業務関連のファイルはすべて削除されていた。R社団法人では共有データはすべてバックアップを毎日USBに取っていたが、それも削除されていたのだった。

「まさか、こんな嫌がらせをするとは……」

とS井が呆れ返っていると、A山は「もしかしたら、業務データも見られるとマズイことがあったのかもしれませんよ」とボソッとつぶやいた。

（それもあり得るな……）とS井は思いつつも、とにかく消えたデータに何が入っていたのか？ 業務上の問題の洗い出しなどに取りかかった。最終的には1カ月ほどでどうにか通常業務を行えるまでには復旧することができたが、法律上保存しておかなくてはいけないデータなども復元することができなかった。

◆モラルが低い問題部下の暴走を防ぐ

職場にはさまざまな価値観を持った人間が集まるので、中にはモラルの低い人間もいるだろう。就業規則で禁止されていることを知りながら副業をしたり、社会的に問題となるような行為をする人間も出てくる可能性がある。規則で禁止したり、コンプライアンス教育をしたりすることも重要だが、場合によっては不正等を行うことをあらかじめ想定した仕組みづくりも必要だろう。

このケースでは、M原の副業や不正な確定申告については、組織として完全に防ぐことは難しい。しかし、データの削除という行為は仕組みによっては防止もしくは即座にリカバリーできる仕組みづくりは可能だろう。

特に書類やデータ、金銭の保管については、万が一紛失、盗難等があった際にすぐに対応ができる仕組みづくりが必要だ。このケースのように誰もがデータにアクセスでき、バックアップも誰でも触れるようになっていると、非常にリスクは高い。組織としてさまざまなリスクを想定した対応をしておくことで、モラルの低い人間の暴走を抑止する効果もあるだろう。

ケース②
客先の男性と不倫関係に陥る、モラル欠如型モンスター

H保育園　概要

園長であるY本の父親が創設した保育園。園長をはじめ、保育士は全員女性で、20代から50代までの幅広い年齢層の職員が在籍している。のびのびとした保育方針を掲げていて、地域の評判もいい。

登場人物

Y本園長：50代女性。父親が創設した保育園の後を継いでいる。自身も2人の子供を育て上げた。現在は、子供も独立して夫と二人暮らし。温厚な性格。

A美：入職して10年が経つベテラン保育士。30代女性。夫と4歳の子供がいる。仕事は熱心だが、性格に問題があり、役職はついていない。

T子：H保育園に半年前に入職した40代女性。以前保育士をしていたが、出産を機に専業主婦に。保育士としては約10年のブランクがある。

K藤：園児の父親。地域で小さな内装屋を経営している。豪快で男らしいタイプに見えるが、根は小心者。妻は専業主婦。

仕事はできるが迷惑な構ってちゃん、A美の性格

「うちの旦那、また仕事変わってさー。いい加減落ち着いて仕事してほしいんだよねー」

園児が昼寝に入り、事務所で職員が事務処理を始めると、保育士のA美が雑談をし始めた。

（まただよ……）

隣で書類を記入していたT子や、周囲の同僚はうんざりした。A美は話好きで、常に自分の話を誰かに聞いてほしくて、空気も読まずに話しかけるので、同僚はひそかに面倒に思っていた。話の内容は、ほぼ旦那の悪口、父兄の悪口、その場にいない同僚の悪口、仕事への愚痴など、マイナスなことばかりなので、聞いている方の気が滅入ってくるのだ。

同僚たちから話を聞いた園長も、A美のおしゃべりで職場の空気が悪くなるのを感じていた。そこで、何度かやんわりと注意するも、「どうして私ばかり注意されるんですか！」「じゃあ、私辞めます！」と無責任に言い出すので、強く言えないでいた。そんなA美でも辞められると、人手不足に悩む現場は困ってしまう。A美を持て余しつつも、何とか皆でやり過ごしているのが現状だ。

そんなある日、半年前に入職した保育士のT子が、園長に「話がある」と声をかけてきた。T子は思いつめた様子で園長に訴えた。

「A美さんが私を無視したり、私の悪口を陰で言ったりしているようなんです。周りの人に『T子さんは仕事ができない』『自分より年上だからって偉そうにする』って言っているそうです」

「それに、機嫌のいい時と悪い時の差が激しくて、いつも顔色をうかがっているようになってしまって、すごくストレスを感じています。最近では、A美さんが近くにいるだけで、動悸がしてくるんです……」

「このままだと、仕事を続けていく自信がありません」

A美の性格をよく知る園長は、T子の話はほぼ事実に違いないと思い、

「A美さんには私の方から話をしてみるわ」

と言ってT子にもう少し頑張るように励ました。

父兄の会社に自分の夫を勝手に就職させる

園児のお迎えがほとんど終了する時間を見計らって、園長はA美を探して歩いていると、最後の園児を父兄に引き渡しているA美を見つけた。A美は園児の父親と何やら親しげに話している。よく見ると、相手はK藤といって、3歳園児の父親だ。自営業で時間の自由が利くらしく、よく子供の送迎をしている。園長の姿を見つけたK藤が会釈した。園長はK藤に近寄って挨拶すると、K藤が園長に「実は……」と話をしだした。

「うちの会社で、A美先生のご主人を雇うことにしたんです。以前に内装の経験があるっていうので。うちも人手不足で困っていたので助かりました」

園長は突然の話にびっくりした。

A美も「そういうことで、これからはK藤さんにいろいろお世話になるんです」などとニコニコしている。園長もその場は「そうなんですね。よろしくお願いします」と言って話を切り上げ、後でA美を園長室に呼び出した。

「A美さん、園の規則で父兄と個人的な連絡は禁止していますよね。どういうことですか？」

A美は、あっけらかんとこう答えた。

「K藤さん、職人が足りなくて困っているっていうし、うちの旦那が園児のお父さんの役に立てるなら、私も嬉しいと思っただけです」

「あのね、K藤さんのお子さんはA美さんのクラスでしょ。いろいろな問題が起きたときに、困るでしょ」

A美の夫は仕事が続かず、頻繁に転職していることを園長も知っていたので、K藤とA美の夫の間でトラブルになるのでは？　と不安に思ったのだ。卒園しているならまだしも、園児が在籍している間はやはり父兄とは適切な距離を置くことが必要だと園長は考えている。

しかし、園長がいくら諭しても、

「分かりました。じゃあ私が園を辞めれば丸く収まるんですよね」と、退職を引き合いに出してふてくされている。園長は、「少し考えさせてください」と言って話を切り上げた。

そして父兄とまさかの不倫関係に……

A美は自分の夫がK藤の会社に就職したことを、同僚にも吹聴していた。「K藤さんのところ、すごくお給料もいいみたいで、よかった！」などと話しているのを聞いたT子は、「父兄の間にまで噂が広まると、まずいんじゃないですか？」と園長に進言した。園長は、さすがに放っておくわけにもいかないと、K藤とA美と話をしようと思ったところ、突然K藤の妻が「園長に話がある」と訪ねてきた。普段は父親のK藤が送迎に来るので、母親が来ることは珍しい。（何かあったのかしら？）と園長は不安に思い、応接室に通した。

K藤の妻は、とても疲れた様子で、ポロポロと涙をこぼした。驚いた園長が訳を聞くと、妻の話はこうだった。

K藤が最近仕事の付き合いといっては、子供のお迎えを終えた後に、夜外出することが多くなった。最初は（仕事が忙しいのかな）くらいに思っていた妻だったが、そのうち保育園のママ友から妙な噂を聞いた。何でも、A美とK藤が親しげに街中を歩いているのを見たというのだ。驚いて夫のK藤を問いただしても、「偶然会っただけ」と言って取り合わない。その様子から怪しいと思って、こっそりと夫のスマートフォンを見てしまったところ、A美との不倫が確定的であるやり取りがあった。とてもショックで、これ以上、子供を通わせるのも辛い。A美には慰謝料を請求するつもりだ。園としてもA美を処分してほしい。

園長は驚いたが、もしかしたら何かの思い違いかもしれないと思い、K藤の妻に「まずはA美と話をしてみる」と言って帰した。

園長はすぐにA美を呼び出して話を聞くと、A美は青ざめた顔で、「偶然会っただけ」「夫の就職のことで、連絡をしていただけ」と、あくまでも誤解だと言い張る。しかし、A美の妻がスマホのやり取りを見ており、慰謝料を請求するつもりらしいと伝えると、慌てた。そして、ついに不倫関係にあったことを認めたのだ。

園長は、まさかA美がそこまでモラルが欠如しているとは思わず、呆れると同時に怒りが込み上げてきた。

「処分はこれから検討しますが、まずはしばらく自宅待機していてください」

と告げた。その後、K藤の子供は保育園を休み、結局は退園していった。


やがて、K藤夫婦は離婚して、子供も妻が引き取り引っ越してしまった。A美の夫は自分の妻とK藤との不倫には気付かなかったようだが、K藤のところの仕事も馴染めずにすぐに辞めてしまったようだ。そして、A美は結果的に今も保育園で勤務している。園長は、当初A美を解雇するつもりだったが、A美が非常に反省した様子を見せたのと、夫がまた転職するため経済的に困っていること、K藤とはすでに連絡を絶っていることを考えて、降格処分のみとした。


しかし、それからもA美は相変わらず職場で同僚の悪口や仕事の愚痴にあけくれ、T子に対して、気分次第できつく当たっているようだ。

「あの時に、さっさと辞めさせればよかったのに……」

と、T子をはじめ同僚は、園の処分にも疑問を持っている。これからも、A美の自分勝手な言動に振り回される予感が拭えない同僚たちだった。

◆「辞める」という部下の脅しに屈しない

A美のような、モラルが欠如し、幼稚性の強い自己中心的な性格の部下に振り回される上司は少なくない。1つひとつの問題行動について、冷静に対処していくことが重要だ。そもそも、A美は職場で人の悪口や仕事の愚痴、気分によって人にきつく当たるなど、態度に問題があった。それについて指摘すると、すぐに「辞める」と言って脅す。そういった脅しに屈すると、「この人たちは、辞めると言えば自分の思うとおりになる」といった間違ったメッセージを与えてしまうことになる。確かに、保育園などでは、規定の人数の保育士がいないと運営が難しくなるので、人が辞めるというのは大きな問題だ。しかし、A美のようなモンスター部下を野放しにしていると、後でもっと大きな問題になりかねない。

相手の脅しに屈せず、ダメなものはダメだときちんと伝えておくことが重要だ。それらの問題行動によって、業務に支障が出てくると、場合によっては処分を検討する必要も出てくる。すぐに、「じゃあ辞めます」という相手の脅しでコントロールを失わないことが重要だ。

ケース③
カラ領収書で経費をせしめキャバ嬢に貢ぐ部下

Ｊ社　概要

創業80年の総合商社。従業員数６００名ほどで日本全国、海外にも事業を拡大している。健康経営を推進しており、労働時間削減にも取り組んでいる。

登場人物

Ｋ田：30代後半の男性営業社員で上司のＹ川は同期入社。自分より評価が高いＹ川に嫉妬し、何かと反発する。母親と２人暮らしの独身。

Ｙ川：Ｋ田と同期入社の営業所長。性格は温厚で、誠実な人柄が会社や取引先から評価されている。何かと突っかかってくるＫ田に手を焼くことも多い。妻と中学生の娘がいる。

N島：20代半ばの女性営業事務。事務処理能力が高く、Y川も何かと助けられている。
A本経理課長：本社経理部の40代課長。もともとは営業出身でY川の上司だった。Y川を新入社員の頃からかわいがっており、今でも時々一緒に飲みに行く間柄。

同期が部下に……。統制がとれず悩む管理職

ある日の午後、M社から営業のK田宛に注文の電話が入った。K田が外出中のため、電話に出た事務のN島が伝言を受け、その旨を所長のY川に報告した。M社はK田が先日新たに開拓した新規取引先候補だが、社内規定で新規の取引先は管理部の取引先調査が完了しないと取引はできないことになっている。確かまだ調査完了の報告を受けていなかったはずと思ったY川は、K田が営業所に戻ったところで話しかけた。

「K田さん、M社の担当から注文の電話が入ったのですが、まだ管理部の新規取引先調査が終わっていないので、ストップしてください」

K田は、じろっとY川を睨みつけると、小さく舌打ちした。

「俺が見たところ、M社は全く問題ない。どうせ管理部もすぐにOK出すんだから、このま

ま進める」

同期で自分の方が営業として優秀だと思っているK田は、自分よりなぜか早く出世しているY川に反発心を持っている。Y川は、同期で部下というK田のプライドを傷つけないように日頃から気を遣っているが、K田のスタンドプレーには毎回頭を抱えていた。

「そうかもしれないけど、一応社内のルールだから守ってください」

K田はふてくされた顔でY川には返事もせず、「お疲れさまです」と帰ってしまった。

その様子を見ていたN島が、Y川に話しかけた。

「K田さん、いくら何でもあの態度はないですよね。所長も遠慮しないで、ビシッと言ってやったらどうですか?」

Y川は、「いや、K田は同期だから、言いにくくてね」と苦笑した。N島も「所長は優しすぎるんですよ」と笑った。

接待という名のもとに提出された怪しい領収書

数日後、営業社員から提出された領収書の整理をしていたN島がY川に話しかけた。

「所長、K田さんの接待費ですが、ここ数カ月かなり頻度が高いようですけど……」

K田は新規取引先を積極的に開拓しており、そのため接待の頻度も金額も比較的多い。ほぼ毎日のように接待で飲みに行っており、行動予定表にもその旨は記載されている。

「ここ最近、新規開拓が続いたからじゃないかな？」

すると、N島が「実は……」と言いにくそうに話し出した。数日前、N島が友人と寿司屋に行ったのだが、その店のカウンターにK田が水商売風の女性と一緒にいたというのだ。K田はN島に気づかなかったそうだが、女性とは親密な様子だったという。

「しかも、その時の領収書を出してきたんです。M社との接待だったって」

N島はY川にK田から提出された領収書だと言って、数枚の領収書を見せた。どれも同じ寿司店の領収書で、すべてM社との接待とのことだった。同じ取引先と週に2～3日も接待を設けているのは不自然だ。「K田に確認してみるよ」とY川はN島から領収書を預かった。

「俺が必死で開拓して、嫌な接待までして成績上げているのに、何の文句があるんだよ！」

Y川から領収書の件について聞かれたK田は、突然激高した。

「いや、文句じゃなくて、あまりに数が多いからどんな様子なのか聞いただけだ」

とY川が慌ててとりなすも、K田の怒りは収まらない。

「そんなに気に入らないなら、俺をクビにするなり飛ばすなりすればいいじゃないかよ、営業所長さん」

と捨て台詞を吐くと、プイッと出て行ってしまった。ハーッとため息をつくY川に、N島が話しかけた。

「所長、K田さん絶対に怪しいですよ。やましいことがあるから逆切れしているんですよ」

Y川は、悩んだ末に、元上司で今は経理課にいるA本に相談してみることにした。

「あー、そりゃ怪しいな。どうする？　俺の方で調べようか？　でも、もし不正していたとしたら、お前の管理責任も問われるかもしれないぞ」

Y川から終業後、居酒屋に呼び出されたA本はビールをあおりつつ、Y川の話を聞いていた。Y川は悩んだが、もし、接待費が不適切なものだった場合、問題が大きくなる前に対処しておいた方がいいだろうと考え、A本に任せることにした。

せしめた経費は、キャバ嬢へのプレゼントに消えた

数週間後、A本に呼び出されたY川は領収書については、調査の結果、不正が行われていたと話した。接待相手とされているM社にそれとなく確認したところ、そのような事実はないことが判明したそうだ。さらに、接待に使っている寿司店もK田と共謀してカラの領収書を発行していたらしい。

「おそらく来週あたり、人事からK田に事実確認が行われると思う。上司のお前も呼び出しがあるだろう」

とA本は告げた。Y川はA本に礼を言うと、人事の調査を待った。

数日後の人事の事実確認で、K田は逃れられない数々の証拠や証言を突き付けられると、不正を認めた。領収書の不正は数十万円にも上った。キャバクラに勤める女性に入れあげており、その女性との飲食代はもちろん、寿司店と共謀して発行してもらったカラの領収書でせしめた経費は、すべてその女性へのプレゼントに消えていたようだ。

最終的に、K田は不正に取得した経費を全額返した上で、諭旨退職となった。

◆会社への不満が、不正につながるケースも

経費の不正請求については、比較的よく聞く問題だ。特に営業職のように外での活動が多いと、すべてを見抜くのは難しいだろう。だが、事前に予防策を取っておくことは必要だ。今回のケースでは接待交際費の不正だったが、交通費の不正や出張費の不正など、経費の不正請求はさまざまだ。比較的多い交通費の不正請求については、面倒でも経路の確認や定期区間の除外などチェックは必ずしておくことが必要だ。チェックが行われていないことが分かると、だんだんとルーズになり、不正の温床となってしまう。

また、出張や接待は事前申請を徹底させ、承認制を取り入れるのも防止策の1つとなる。「いつ・どこで・誰と・何のために（目的）」を申請させ、承認が下りた分のみ認める。また、接待の場合、使用する飲食店をあらかじめ会社でいくつか指定しておくことも不正防止には有効だ。

経費の不正請求は本人のモラルの問題ではあるが、会社への不満がその動機となっていることも多い。給与や待遇、社内の人間関係などに不満を持つと、会社に対して悪意を抱き、

自分本位に考えて「不正を行ってもかまわない」と考える人間が出てくることもある。不正を防ぐ社内の統制見直しと同時に、社員のモラルが下がっていないかなど、社内環境に気を配ることも必要だ。

ケース④
デイトレーダー⁉　業務時間に会社のパソコンで株取引する部下

B設計事務所　概要

リフォームやエクステリアの設計・施工を行う従業員数20名ほどの設計事務所。社内は自由な雰囲気で、人間関係も和気あいあいとしている。

登場人物

K林：B設計事務所でデザインを担当する30代男性、独身。遅刻をしたり、クライアントとの約束を忘れたりと、何かと問題を起こす。

Y橋：マネージャーを務める40代男性。誠実な仕事ぶりが評価され、マネージャーに抜擢された。K林の上司で、何かと問題を起こすK林に悩まされている。
O矢：K林の後輩で20代独身男性。独特のデザインセンスを持っており、クライアントの評価も高い。ただ、気分が乗らないと仕事を断ったりと、何かと扱いにくい。
B内：B設計事務所代表。50代男性。大手建設会社を退職後、20年前に同事務所を創業。細かいことにこだわらない大らかな性格。

客先からクレーム殺到の社員。その理由は……

「いい加減にしてくださいよ！　これで3回目ですよ。どうなっているんですか？」

Y橋はクライアントからのクレームの電話に平謝りだった。

「申し訳ございません。本人に確認して大至急対応するように伝えますので」

何とか収めて電話を切ると、Y橋は大きくため息をつき、近くにいたO矢に声をかけた。

「おい、K林はどこ行った？」

O矢はパソコンのモニターから目を離さずに、「さぁ？　ホワイトボードに書いてませんか？」と気のない返事をした。Y橋が行動予定が書いてあるホワイトボードを見ても、K林の予定は空白だ。（全く、いい加減にしてくれよ……）Y橋は怒りを覚えながらK林の携帯に電話を入れた。何度目かの呼び出し音の後で、K林が電話に出た。

「おい、今どこにいる？　○○さんから電話があって、納期がまた延期になったってかなりお怒りだぞ。どういうことなんだ？」

K林は、「先方も納得していたんですけどね？」など、他人事のような返事をすると、「今打ち合わせ終わったんで、とりあえず今から戻ります」と言って電話を切った。

K林に対するクレームはここ数カ月で数えきれないくらい多発している。納期を勝手に延期される、打ち合わせの時間に来ない、依頼していたサンプルがいつまで経っても来ない、折り返しの電話がない、打ち合わせ中に頻繁にスマホをいじっている、など、数え上げたらきりがない。Y橋もその都度注意するのだが、行動が改まる様子はない。所長のB内に何度か相談するも、「まぁ、うちも人手が足りないから辞めさせるわけにもいかないし、上手くやってよ」とあまり問題視している様子はない。Y橋はクライアントからのクレームを一身に受けることに疲れ切っていた。

K林が戻ってくると、Y橋はK林にクレームの件について問いただしたが、本人は「他の業務も多忙で、当初のスケジュールだと難しいからクライアントに承諾をもらって変更した」と主張する。

「しかし、先方は納得していないから電話をよこしたんだろう？　どうなっているんだ？」

さらにY橋はここ最近のK林へのクレームについても問いただした。

「ここのところ、君の案件でクレームが多発している。いったいどうしたんだ？　業務量が多いようなら調整するから」

K林は「大丈夫です。すみません」と、業務量は問題ないと答えた。Y橋がいろいろと聞いても、K林は「すみません」と謝るのみで、結局理由はよく分からなかった。K林が次の打ち合わせのために外出すると、デスクで作業をしながら2人の話を聞いていたO矢がY橋に話しかけた。

「K林先輩、ちょっとやばいかもしんないっすよ」

O矢が言うには、K林はどうやら借金を抱えており、その返済に首が回らない様子だというのだ。O矢も詳しく本人から聞いたわけではないが、どうやら投資か何かで損をして、その損失を取り戻すべく株取引にのめりこみ、さらに借金を重ねているようだ、という。

「仕事中もずっとパソコンとスマホで株価チェックしてますよ。気づきませんでしたか？」と、Ｏ矢は何も知らずにいるＹ橋を半分呆れたような表情で見た。上司としての管理能力不足を指摘されたようで恥ずかしくなったＹ橋は、「まずは事実を確認しないと」と言うと、Ｋ林のパソコンの履歴を調べ始めた。

すると、かなりの時間を仕事と無関係な株取引や不動産投資、さらには犯罪まがいの金儲けの方法を指南するページの閲覧に費やしていることが分かった。（クレームの原因はこれか？）と思うと、怒りがこみ上げてくるＹ橋だった。

不動産投資失敗で８０００万の借金

Ｋ林に話をどう切り出そうかと考えていた矢先に、Ｋ林宛に電話が入った。電話に出たＯ矢がＫ林は外出中である旨を伝えると、相手は「Ｋ林は今でもＢ事務所に勤めているのか？」「何時頃に戻るのか？」などと確認してきた。不審に思ったＯ矢は適当に返事をして電話を切り、Ｙ橋に報告した。

「今の電話、Ｋ林さん宛だったんですが、多分借金取りからの電話ですよ。Ｋ林さんと連絡が取れないから勤務先に電話したって言っていました」

Y橋が驚いていると、B内所長が封書を持ってやってきた。

「おい、K林君はいるか？　裁判所から会社宛にK林君のことで手紙が来てるんだが、何のことだ？」

Y橋とO矢がB内の許可を得て封書の中身を読むと、裁判所からの「債権差押命令」と「陳述書」となっていた。内容としては、消費者金融からK林が借りた80万円ほどの借金について、給与から差し押さえを行うというものだった。（やっぱり、借金で追い詰められていたのか……）とY橋は頭を抱えた。


外出から戻ったK林に裁判所からの通知を見せて、B内所長とY橋が話を聞くと、K林は観念したように話し出した。

数年前に学生時代の友人に誘われて、不動産投資を始めた。8000万円ほどのローンを組んで都内にアパートを建設した。当初の説明では、ローンの返済額より家賃収入の方が多いので、ローンを返済しながら家賃収入でキャッシュが入るということだった。しかし、最初はよかったが、固定資産税や修繕費、入居者が退去した後の募集広告などで思った以上の費用がかかることが分かった。さらに、もっと現金収入を増やしたいと思い、貯金を株に使って増やそうと株にのめりこんだ。仕事中も気になってついついパソコンやスマホで株価のチェックをしてしまった。裁判所からの差し押さえについては、以前に生活費が足りなくなって消費者金融から借りた分だという。

部下が借金漬けになっている事実について、Y橋は驚くと同時に、こんなことになる前に相談してくれていればと思い、上司としての力不足を感じるのだった。

K林の借金については、K林の父親が払うことで決着した。K林は結局、事務所を退職し、地元に戻り実家の家業を手伝うことになった。

◆ミスや集中力不足が目立つ社員は注視する

年功序列、終身雇用制度の崩壊で、将来が見えにくいということから、投資を推奨する書籍やサイトが世の中に溢れている。中には、リスクについて十分な説明がされておらず、簡単にお金が入るように思えるものもある。もちろん、投資を行うこと自体は問題はないし、お金の運用手段は個人の自由であり、自己責任だ。しかし、それらが上手くいかなくなった時に本業である仕事に影響が出るとなると問題だ。

会社として社員個人の投資活動を監視することは難しい。この事例のように、部下のミスが重なったり、集中力が欠けたりしている際には何かしら問題を抱えていないか注意し、声をかけることで、問題が大きくなるのを未然に防ぐこともできるかもしれない。

ケース⑤

社内ダブル不倫がセクハラに？ 振られた腹いせ（？）をする女性モンスター

D社　概要

創業40年のビル設備工事を請け負う会社で、従業員数は200名ほど。業績は安定的に伸びており、社内の人間関係も良好。

登場人物

O川：大学卒業後、D社に入社し、現在は総務部主任を務める40代男性。妻と中学生になる息子がいるが、実は同僚のA坂と不倫関係にある。

A坂：短大卒業後D社に入社し、ずっと総務部に勤務している30代女性社員。結婚して小学生の子供がいるが、現在夫は失業中。O川と不倫関係にある。

A坂の夫：A坂とは学生時代から付き合っており、12年ほど前に結婚した。数カ月前に会社をリストラされ、現在は無職。A坂から疎んじられ、夫婦関係は既に冷め切っている。

S本：D社の総務部長でO川やA坂の上司にあたる50代男性。揉めごとが嫌いで、何事も穏便に済ませたい事なかれ主義。

女性社員の夫からまさかのセクハラ告発

「部長、A坂さんのご主人という方からお電話が入っていますが……」

始業前のひととき、デスクで新聞を読んでお茶を飲んでいたS本に、部下であるA坂の夫から電話が入った。（ご主人が何の用だろう？）不思議に思いながらも電話に出たS本が聞いたのは思ってもいない話だった。

「そちらでお世話になっているA坂の夫です。妻が同じ部署のO川という人からセクハラを受けて、精神的なショックで寝込んでしまいました。とりあえず今日は休ませますが、会社としてどう対応していただけるのか私が妻に代わって話し合いをしたいのですが」

S本は突然のことに混乱した。A坂もO川も総務課の社員で自分の部下だが、O川がA坂にセクハラをしているなど初耳だし、そんな様子は見えなかった。A坂の夫の話によると、以下のような言動があったという。

O川が外出先から帰る車中で助手席にいたA坂の腰や太ももを触った挙句、関係を迫った。A坂は拒否したものの、「自分には人事権がある。拒否したら遠い支店に飛ばすこともできる」と言われ、やむを得ず関係を持った。その後もしつこくメールを送ってきて、デートに誘われ、拒否したら関係をばらすと脅された。

S本はすぐには信じられなかったが、A坂の夫は「対応によっては法的手段に訴える」と冷静な口調ではあるが、怒りをにじませつつ、はっきりと言った。S本は「とにかく、事実確認をした上で、改めて連絡するので」と言って電話を切った。

セクハラではなく、実はダブル不倫？

会議室にＯ川を呼び出すと、Ｓ本はＡ坂の夫からの電話について確認した。Ｏ川は真っ青になり、最初はセクハラの事実を否定した。しかし、Ａ坂の夫が「場合によっては法的手段に訴える」と言っているとＳ本が言うと、Ｏ川は震える声で「実は……」と話し出した。

Ｏ川の話によると、Ａ坂とは半年前から不倫関係にあるというのだ。その頃、Ａ坂の夫が会社をリストラされ、Ａ坂から相談に乗ってほしいと終業後に食事に誘われた。何度か相談に乗っているうちに、Ａ坂から告白され、自分も抑制が利かず、関係を持ってしまったという。Ｓ本は呆れつつも、

「では、車内で無理やり関係を迫ったというのは違うのか？」

と確認すると、「無理やり関係を持ったわけではない」とＯ川はセクハラについては否定した。それにしても、どうしてＡ坂はセクハラを受けたなんて夫に言ったのだろう？　Ｓ本が聞くと、Ｏ川は、「もしかしたら……」と数日前の話をした。

数日前に、Ｏ川がＡ坂と会っていた時に、Ａ坂から「夫と離婚して、あなたと再婚したい」と打ち明けられたという。Ｏ川はＡ坂に対して責任は感じつつも、妻と息子を愛してお

り、離婚は考えられない、と正直にA坂に話したところ、A坂が逆上した。「私のことは遊びだったのか？　自分だけ幸せになるのは許さない！　奥さんにもばらしてやる！」とわめいた末に、去っていった。

「関係を持った私が悪いのですが、もしかしたら腹いせにセクハラを受けたと言ったのかもしれません」

O川は「迷惑をかけてすみません……」とうつむきながらS本に謝罪した。「とにかく、A坂さんのご主人と話してみるから」とS本は話を切り上げた。O川は社内では真面目で堅実な仕事ぶりで評価も高い。そんなO川がまさか社内不倫とはS本も驚いたが、O川の話に嘘はなさそうだ。

（厄介なことになったな……）面倒事が嫌いなS本は頭を抱えた。

数日後、A坂の夫がS本を訪ねてきた。A坂の夫は、セクハラについて事実を認め謝罪し、こちらの要求を呑むなら訴えることはしないという。要求は、O川を解雇すること、A坂の体調がよくなるまで休職を認めること、そしてO川と会社からA坂に慰謝料300万円をそれぞれ支払うこと、だった。

S本は一通り話を聞いた後、「実は、私がO川から聞いた話とA坂さんの話では少し食い違いがあるのです……」とO川の話をできるだけ夫を刺激しないように言葉を選んで話した。すると、A坂の夫は、怒りを露わにして声を荒らげた。

「妻は無理やり関係を迫られたと言っているんです。それを合意の上の不倫関係だったなんてよくもそんなことが言えますね！ 分かりました。御社がそういう対応であれば、こちらにも考えがあります！」

と言うと、会議室を後にした。

数週間ほど経過したある日、弁護士事務所から会社宛に内容証明郵便が届いた。そこには、O川のセクハラについて謝罪と慰謝料を要求する内容が書かれており、指定期日までに謝罪と慰謝料の支払いがなければ、法的手段を取るという。こういった展開を予想していたS本は、事前に相談していたD社の顧問弁護士に連絡した。相手側弁護士と話し合いを終えた顧問弁護士がS本に電話をしてきた。

「例の件、どうやらA坂さんの夫が主導して弁護士に相談したようですね」

「セクハラがあったかどうかは、私の感覚では微妙です。ただ、2人の間に男女関係があったのは事実のようですし、合意があったと立証するのは難しいんじゃないですか？」

弁護士いわく、相手側は2人の関係を裏付ける証拠も持っており、O川も男女の関係は認めている。仮に2人に合意があったとしても、「A坂の上司にあたるO川が主任の立場を利用して、関係を迫った」と主張された時にそれを覆す証拠を出すのは難しいだろう、との事だった。事実、O川はA坂とは合意の上だと主張できるようなメールや会話の記録などは持っていないとのことだった。

「多分不倫がバレた妻の方が、『セクハラを受けた』とでも夫に言ったんでしょう。夫もそのまま信じたわけじゃないけど、お金が取れると思ったんじゃないですかね」

「もしくは、不倫相手に邪険にされたと思った女性の方が、相手を陥れようとしたのかもしれません。それにしても、夫に言うのはかなりのリスクだと思いますけどね。もしかしたら夫婦関係はすでに壊れているのかもしれませんよ」

と、弁護士は「自分の憶測だが」と断りを入れつつ言った。

S本にはどちらの話が本当なのか分からないが、弁護士に「ある程度の金額で和解した方がいいだろう」と勧められたことから、とにかく早く解決したい一心で、和解に応じる方向で社内調整を図った。

D社役員も、訴訟など起こされて、D社の名前が出ても困るということで、和解に応じることを認めた。その後、A坂は数カ月の休職を経て、別の部署に復帰したが、夫とは後日別れてしまったようだ。復帰後もA坂は何事もなかったかのように仕事に取り組んでおり、周囲でセクハラ騒動を知っている社員も、そのことには触れずに腫れ物に触るかのように接している。O川は責任を感じ、自ら退職していった。

◆社内恋愛がセクハラに変わるリスク

会社によっては社内恋愛禁止のルールを設けているところもあると聞くが、人間の感情をルールで縛ることは難しい。長い時間を一緒に過ごす男女が恋愛関係になるのも無理はない。しかし、関係が上手くいっているうちはいいのだが、何らかの事情で2人の関係がこじれると、トラブルに発展するケースも少なくない。その関係が上司と部下だったり、不倫関係だったりすると、いざトラブルになった際にはリスクが高い。

上司と部下の恋愛関係や不倫関係がこじれた時に、部下側から「関係を迫られて、職場の上司なので断りきれなかった」とセクハラを主張されると、「同意があった」ことを証明できない限り、相手の主張が認められてしまう可能性が高い。ましてや、不倫関係の場合、社内の風紀を乱したという点でも責任を問われることもあるだろう。部下との恋愛や社内不倫についてはくれぐれも立場を考えた上で身を慎むことが重要だ。

ケース⑥
休日出勤手当をもらってバーベキュー？　悪行三昧の〝イキリ系〟モンスター

W製作所　概要

創業50年の機械部品製造会社。関東近郊と東北地方に工場がある。従業員数120名ほどで、大手との安定した取引から経営は順調。

登場人物

F島：30代男性社員。地元の高校を卒業後、W製作所の東北工場に勤務。高校時代ヤンキーまではいかなかったが、いきがっており、いまだに当時の先輩・後輩関係を引きずっている。

U村：数カ月前に関東の工場から東北工場に工場長として赴任した40代男性。真面目な勤務態度が評価されて工場長に昇格した。気が弱くおとなしいタイプ。

D井：W製作所内で特殊部品の製造を下請けで行う個人事業主。組織に属することを嫌い、W製作所から何度か社員の誘いを受けるも断っている。F島の高校の後輩。

上司の言うことを聞かない「イキリ社員」

「工場長、ちょっといいですか？」

始業前に事務所で作業の段取りを確認していたU村工場長に、検品担当の女性社員が話しかけた。女性社員いわく、外注先である個人事業主のD井に対してW製作所から発注している部品に少し不具合があるので、再度作成してほしいと頼んでいるのに、D井は「問題ない」と言い張って困っている、というのだ。

「D井さんも社員のF島さんも、『なんか文句あるのかよ?』っていちいち威嚇してくるんです。ヤンキーじゃあるまいし、いい年してみっともないですよね。検品担当の間では、『イキリ社員』って陰で呼んでいるんですよ」

女性社員から詳細を聞くと、U村は「自分が話してみる」と言って工場に向かった。

工場に向かう途中の喫煙所でF島と一緒に煙草を吸っているD井を見つけたU村は、近寄るとD井に検品の件を話した。D井は煙草を吸いながらU村の話を一通り聞くと、「大した問題じゃないんですけどねー。こっちも忙しいのに難癖つけられて、気分悪いっすよ。まぁ工場長が言うならやり直しますけどね」

と面倒くさそうに答えた。様子を見ていたF島が工場長に聞こえるような独り言をつぶやいた。

「東北工場に来たばっかりのくせに偉そうに」

U村は怒りを覚えつつも緊張で体がこわばるのを感じた。東北工場に工場長として赴任してきてから、F島の反抗的で人を見下すような態度に悩まされてきた。学生時代から真面目だったU村は、ヤンキーといわれるようなクラスメートからたびたびいじめを受けてきたが、F島と接しているとその頃の嫌な思い出が蘇る。

F島はわざとU村に聞こえるように悪口を言う時もあれば、「あ？ あんたの言うことなんか聞かねえし」と睨みつけて威嚇するように反抗することもあった。U村にとっては胃の痛い日々だった。

休日出勤手当をもらってバーベキュー？

ある日、東京に出張していたU村は、用事が思ったより早く終わったので、予定を早めて日曜に東北に戻ることにした。東北の自宅に戻ったU村は、F島をはじめとする工場のメンバーが日曜に休日出勤をする予定であることを思い出した。

（自分だけ自宅で休んでいるのもなんだしな）と思ったU村は、皆に差し入れの飲み物とお菓子を買って工場に向かった。車を止めて工場に行くと、工場内はしんとして誰もいない。

（あれ？ 休日出勤はなくなったのか？）と不思議に思っていると、工場の裏手の庭の方からにぎやかな声が聞こえてきた。不審に思ったU村が庭に向かうと、F島や他の従業員、下請けのD井、取引先関係者らが集まり皆でバーベキューをしている。ビールや焼酎なども振る舞われており、皆酔っぱらって大騒ぎだ。

U村の姿に気づいたF島が一瞬（まずい）といった表情をしたが、そのまま構わず宴会を続けている。U村は、「F島さん、ちょっと」と離れたところに呼んだ。

「どういうことですか？　今日は納期が迫っているから休日出勤をしたいという申請を受けていたはずですが」

「ああ、あれは間に合ったんで、今日は休日出勤して接待ですよ」

F島は悪びれもせずに答えた。U村は呆れたのと怒りとで、強い口調で対応した。

「接待をするという報告は受けていません。休日出勤手当はつけるわけにいきません。敷地内でバーベキューするなんて非常識です。安全管理上からも認められません。直ちに終了してください」

U村の毅然とした態度にムッとしたF島は、声を荒らげた。

「は？　接待だって言ってんだろ。いちいちお前に報告する必要もねえし。工場長だからって来たばっかりの奴に何が分かるんだ。俺らのやり方があんだよ。黙ってろ！」

F島に言っても無駄だと思ったU村は、皆のところに行って、皆に解散するように言うと、酔っぱらっていたF島とD井が「勝手なこと言ってんじゃねー」とU村に殴りかかってきた。周囲は騒然とし、止めに入った別の従業員もケガをする始末。何とか取引先の人が2人をなだめてその場はお開きとなった。

元ヤン社員に怯え、不正を見過ごしてきた上司たち

F島たちの件をU村が本社に報告すると、直ちに人事課の人間がやってきて、F島をはじめ、全従業員に聴取が行われた。すると、他の従業員からの聞き取りで、F島が周囲の人間を威嚇しながら好き勝手にやっている事実が分かった。たびたび、朝、タイムカードを押して、そのままパチンコへ行ったり、仕事で使うと言って備品を会社の経費で購入して、下請けに安価で譲ったりなど、悪質な行為もあったという。

驚くべきことに、前の工場長はその悪行を知っていたが、F島が怖くて目をつぶっていたというのだ。さらにF島は、D井にW製作所の仕事を回す見返りとして、紹介料を要求していた。D井も学生時代の先輩であるF島には逆らえず、また、自身も安定した仕事をもらえ

るメリットがあったため、お互いに持ちつ持たれつの関係だったようだ。

F島の行動があまりにひどいのと、U村や周囲の人間に暴力をふるった事実を鑑みて、人事も懲戒解雇処分とすることにした。F島もU村やケガをした他の従業員が被害届を出さない代わりに、治療費の支払いと今後一切W製作所の従業員に接触しないという交換条件を呑んだ。D井についても、W製作所は今後一切の取引を切ることとなった。職場で周囲を威嚇する「イキリ社員」がいなくなったことで、東北工場にも平安が訪れたようだ。

◆部下からの「逆パワハラ」は確実に存在する

会社には、組織上の上下関係だけでは測れないインフォーマルなパワーバランスがある。年上部下や先輩部下など上司としては対応が難しいケースも少なからずあるだろう。その中で、気の荒い部下が暴言を吐き、指示に従わず、周囲の士気やモラルが低下しているという相談がある。こういった言動を放置しておくと、相手はますます増長し、社内の空気も悪くなり、組織が崩壊していく恐れがある。早急に対応することが重要だ。上司としては毅然とした態度で、ルールに従うよう求めるべきである。

また、彼らは相手を見るので、自分より気が弱そうな人や、立場が弱い人に対して横暴な態度に出る。場合によってはおとなしい上司に対して、集団で無視するように周囲に働きかけるなど、「逆パワハラ」とも思われる悪質なケースも聞く。部下から無視されている、と言うと、「マネジメント力が足りない」「上司のくせにだらしない」などと思われるのではないかと考え、なかなか会社にも相談しにくいのだろう。誰にも相談できず、やがて精神的にも追い詰められてしまうのだ。

会社としても、「部下からのパワハラも存在する」という前提で、相談窓口を設けるなど支援体制を取る必要があるだろう。上司が安心して仕事に専念できる支援体制の構築が望まれる。

ケース⑦
お風呂に入らず周囲に悪臭をまき散らす「スメハラ」部下

M商事　概要

創業30年の輸入商社。従業員数120名ほどで東京に本社、神奈川に支社がある。社員の平均年齢は比較的若く、人間関係は良好。

登場人物

N原：営業担当の30代男性社員。妻と幼稚園に通う子供がいる。性格はよく言えば大らか、悪く言うとだらしがなく、暴飲暴食と運動不足で肥満気味。

Y山：営業事務の20代女性社員。はっきり物を言うタイプで、気が強い。仕事は早く正確なので、上司の評価は高い。何事にもだらしないN原のことを嫌っている。

A田：N原とY山の上司にあたる営業課長。40代男性。営業職としては非常に優秀だが、マネジメントは苦手。人当たりがよく穏やかで、揉め事が嫌い。

「身なりや臭いが不快なので、担当を替えて下さい」

ある日の午後、得意先から戻ったA田に営業事務のY山が声をかけた。

「課長、○○社の担当さんから、うちの担当を替えてほしいって電話がありました」

（クレームか……）

A田は憂鬱な気持ちになって、Y山に事情を聞いた。Y山の報告によると、営業のN原が担当している客である○○社の担当から、N原の身なりや臭いが不快なので、担当から外してほしいというのだ。Y山は「そりゃそうですよね」とここぞとばかりに自分の思いをぶちまけた。

「N原さん、煙草の臭いがスーツに染み付いていて、遠くからでも臭うし、口臭もひどいです。それに、絶対毎日お風呂に入っていないですよ。髪の毛も脂でベタベタだし、ちょっとなんていうか汗と垢の臭いっていうか……。とにかく臭いんです！　私たちも迷惑してます。課長から言ってください！」

A田は、Y山の言い分ももっともだと思う。N原はとにかく見た目もだらしなく、臭いは少し離れた席にいるA田の方にも届くほどだ。近くの席のY山は耐えがたいだろう。今までも何度かやんわりと注意しているが、N原は「気を付けます」とは言うものの、変化はない。

「本人に話してみるから」

とY山をなだめると、A田は戻ってきたN原に「話がある」と声をかけて会議室に誘った。

「N原、言いにくいんだが、○○社から電話があって、担当を替えてほしいそうだ。理由は、その、君の身だしなみが不快だとのことだ」

A田は思い切って話した。

「以前にも注意したことがあると思うが、営業は身だしなみが大事だ。煙草も吸うなとは言わないが、臭いがつかないように、もう少し気を配らないと。お客さんや周囲に迷惑だろ」

N原は、「すみません……」とうつむいている。

「毎日ちゃんと風呂に入っているのか？　ワイシャツや下着も毎日取り替えないと、特にこの季節は湿気もあるし、臭いが出やすいから」

N原いわく、仕事が終わって家に帰ると、疲れてそのまま寝てしまい、入浴や洗濯などに手が回らないことも多いのだという。とにかく、毎日清潔にしてくるようにとA田は言うと、会議室を出た。

体臭と香水、どちらが迷惑か？

数日後、A田が早朝会議を終えてオフィスに戻ると、何やら騒然としている。Y山とN原が言い争いをしている。

「N原さん、いい加減にしてください！　自分は不潔にしていてもかまわないかもしれませんが、周りにいる私たちは不潔な臭いに我慢できません！」

N原も、憮然とした表情で反撃している。

「Y山さんが神経質なんじゃないですか？　それにY山さんだって時々香水の匂いがきつい時がありますよ」

Y山はキーッとなると、興奮してN原に言い返した。

「N原さんの臭いは私だけじゃなくて皆が不快に思っているんです！　お客様からもクレームが来ているじゃないですか！　N原さんが出社すると、遠くの方でも臭いがするくらい臭いんです！」

A田が慌てて止めに入ると、Y山は興奮気味にA田に訴えた。

「課長、N原さんの臭いはハラスメントですよ！」

「ハラスメント⁉」

「そうですよ！『スメル・ハラスメント』っていうんです。臭いの嫌がらせです！」

（スメル・ハラスメント？　聞いたこともないな）

とA田は思いながらも、「とにかく落ち着いて話し合おう」と2人を諫めた。Y山は興奮冷めやらぬ様子で他の営業事務の女性社員数人と固まってA田に近寄ると、

「私たち、N原さんを何とかしてくれないなら、全員会社を辞めたいと思います」

と宣言した。他の営業事務の女性社員も全員うなずいて、Y山を強く見据えている。

「いや、そんなこと、突然言われても。何もそんな極端なこと言わなくても……」

A田は女性社員をなだめたが、全員「これ以上は我慢できない！」と断固たる態度だった。（弱ったな……）A田は頭を抱えた。

A田は同期の人事課長にN原の「スメル・ハラスメント」の件について相談した。人事課長は「悪臭で周囲の業務効率が下がっていたり、ましてや客からクレームも来ているなら会社としても対策をとる必要がある」と人事部として対応を検討すると言った。

数日後、N原は人事から呼び出され、毎日の入浴と着替え、煙草の後の口臭ケアなどをするよう注意を受けた。その旨をA田から聞いたY山は、

「どれも小学生でもやってる当たり前のことですけどね」

と呆れていたが、「ちゃんとN原さんが守ってくれるなら」と、退職するという意思は撤回した。その後、N原も少しは気を遣うようになり、以前ほどの臭いはしなくなった。

◆デリケートで難しい企業のスメハラ対策

臭いの問題は非常にデリケートなので、不快に思っていてもなかなか本人に言いにくいことである。また、不潔な臭いだけでなく、柔軟剤などの強い匂いで頭痛を引き起こす等、ある人にとってはいい香りでも、人によっては不快に感じることもある。不快な臭いの中では

業務に集中できず、効率も悪くなるだろう。会社としても何らかの対策が必要だ。

臭いについての相談を受けたら、「仕方がない」「気にしすぎ」などと放置せず、取り組むべき課題として認識することが第一だ。だが、一方で相談者が個人的な感情で過剰に反応したり、臭い以外の感情的な対立などが隠れていたりする場合もあるので、客観的に話を聞くことが重要だ。相談を受け、対応が必要と判断した場合は、臭いを発している加害者に対して直接改善を促すが、伝える際は十分な配慮が必要だ。体臭や口臭といった身体的なことを指摘されれば誰しも恥ずかしい気持ちになるだろう。本人の気持ちに配慮しつつ、冷静かつ客観的に伝えることが必要だ。その上で、具体的な対策を提案したい。

伝え方を間違えると、本人は傷つき、恥をかかされたという思いから意固地になったり、場合によってはいじめられたという誤った捉え方をされたりしてしまうこともある。デリケートな問題だけに、最大限の配慮が必要だ。

第4章

逆襲のシニア・モンスター

ケース①

若手社員を手下につけて上司をシカトする〝半グレ〟シニア社員

D建材　概要

建設資材を専門に扱う創業50年の会社。従業員数は150名ほどで堅実な経営をしているが、時代の変化に対応するために新たな取引先の開拓を進めようとしている。

登場人物

Y中：営業部長で40代男性。会社から新規開拓を求められ、チーム一丸となって取り組むべく部下をまとめている。元上司のM上に頭が上がらない。

M上：D建材の元営業部長で、定年後に嘱託として勤務。職制上はY中の部下となるが、以前はY中の上司だったため、Y中を下に見ている。

S下：30代の営業社員でY中の部下。遅刻をしたり、提出物の期限を守らなかったりとルーズなところをY中からたびたび注意されている。M上とは喫煙所でよく話す間柄。

Ｋ藤：営業事務の20代女性。真面目で丁寧な仕事ぶりで、Ｙ中の良きサポート役。正義感が強く、ルーズなＳ下や強引な営業をするＭ上をよく思っていない。

元上司が定年後、部下になって対立

「……というわけで、新規開拓に向けてまずは私が作成したリストに従って、各担当がアポ取りをお願いします」

営業部長であるＹ中が営業会議の場で、新規開拓についてその必要性や会社の方針、方法を述べると、リストを皆に渡した。すると、リストを見た嘱託社員のＭ上が不服を唱えた。

「Ｙ中、なんで俺の担当がここなのよ？　それにＳ下は経験が浅いのに、ここは無理なんじゃないの？　ちゃんと考えて振り分けてるのか？」

（またか……）

Ｙ中はうんざりした。嘱託社員であるＭ上は元上司とはいえ、現在は上司である自分に対しても、遠慮なく反発してくる。もちろん、聞き入れるべき意見であれば歓迎だが、ほとんどが単なるいちゃもんだ。

「私なりに考えて、専務に確認も取りましたので、リスト通りの担当でお願いします。S下の担当については、私もフォローしますので」

M上は納得いかない様子で、担当リストを眺めると、

「今どきの部長さんは、役員の言いなりだな。俺が部長だった頃は現場を見て仕事したもんだけどな」

とY中に嫌味を言うと、席を立った。

（全く、やりにくいな）

Y中は苦々しく思いながらも黙っていた。入社した頃から先輩であり、上司でもあったM上は、昔ながらの営業をする社員で得意先からの信頼も厚い。だが、得意先の担当者も世代交代をし始めると、M上が行っていた接待営業は若い担当者には通用しなくなってきた。ちょうどその頃に定年を迎えたM上は、部長職を退任し、嘱託として一営業マンに戻ったのだ。

M上の退任で席の空いた営業部長には、誠実な仕事ぶりで得意先の評価も高いY中が就くことになった。しかし、部長となってもM上はY中をいつまでも半人前扱いし、なかなか指示に従ってくれない。それればかりか、陰でY中の仕事を批判するので、若手のS下などはM

上の威を借りて近頃はY中の注意も聞かなくなってきている。（S下も悪い影響を受けなければいいが……）と不安になるのだった。

会議終了後、M上に喫煙室に誘われたS下は、2人で煙草をふかしながら、Y中の批判をしていた。

「M上さん、部長のリスト、どう思います？　俺らの意見何も聞かないで、横暴ですよ」

「あいつを部長に昇格させたのは役員の失態だな。新規、新規って言ってるけど、そう簡単に新規客が取れれば苦労はしない。それよりも、既存客との関係維持に接待費を使った方がよっぽど売り上げは上がるのにな」

「俺のフォローに部長が入るって言ってましたけど、正直やりにくいっすよ。あの人細かいことにうるさいし、全体を見ることができないんですよね」

「まぁ、リストなんて無視して、こっちはこっちで既存客のフォローで売り上げ作ればいいだろう。Y中の話は無視しよう」

と、M上は言うと、S下に「Y中の指示には従わず、俺のフォローをしろ」と命じた。

その翌日、Y中がS下に、「新規見込み客のアポが取れたから一緒に行くぞ」と声をかけると、S下は面倒くさそうに「自分はいいです」と答えた。

「え？　なんか別の予定でもあるのか？　せっかくアポが取れた見込み客なんだから、お前も一緒に行くぞ」

「えっと、自分、今日はM上さんと○○社に行く予定なんで」

Y中は少しムッとして、言った。

「そんな予定は聞いてないぞ。○○社はM上さんが1人で担当している案件だし、安定した取引をもらっているからお前まで行く必要はないだろう」

2人のやり取りを途中から聞いていたM上が口を挟んできた。

「いいんだよ、俺が指示したんだから。S下に俺が営業を教えてやるからお前は新規開拓を1人でやればいい」

Y中はさすがに自分の指示を無視して勝手なことをするM上に腹が立った。

「M上さん、新規開拓の必要性については役員の決定ですし、会議でも伝えましたよね。勝手なことされると困ります」

元部下のＹ中に反抗され、カッとなったＭ上は、声を荒らげた。

「お前は営業を何も分かっちゃいない。上の言いなりだ。俺らは俺らのやり方でやらせてもらう。お前なんかの言いなりになるか」

Ｍ上は、「ほら、行くぞ」とＳ下の肩を叩くとそのまま出てしまった。

部下からのパワハラで追い詰められる年下上司

翌日からＹ中が何を言ってもＭ上もＳ下も一切口を利かなくなった。（いい大人が会社で無視かよ……）とＹ中は呆れ返りつつも、部下に無視されるというのは精神的にかなりきつい。Ｙ中の様子を見て心配した営業事務のＫ藤が声をかけた。

「部長、大丈夫ですか？　子供じゃあるまいし、上司を無視するなんて非常識ですよね」

「あぁ、大丈夫だ。僕の人望がないのだから仕方ないさ」

Ｋ藤はＹ中を励ますように言った。

「そんなことありませんよ。Ｍ上さんこそ、古い自分の営業スタイルに固執して、新しいことを全部否定するんだから。S下さんだって、仕事も中途半端でルーズなくせに部長に反抗するなんて、あり得ませんよ！」

K藤がY中の味方をしてくれることが、Y中にとっては心の支えになった。しかし、数日経っても事態はよくなるどころか、M上はS下を言い含めてY中を徹底的に無視し、だんだんとY中も精神的に追い詰められてきた。Y中は食欲がなくなり、眠れない日が続いた。片頭痛や腹痛も起こすようになり、仕事中もたびたび鎮痛剤や下痢止め薬を服用するようになった。そんなY中の様子を傍で見ていたK藤は、会社の総務にある相談窓口に電話をした。

数日後、総務課の担当社員と外部のカウンセラーがY中の同意を得た上で、Y中にヒアリングを行った。Y中は当初はK藤の気持ちをありがたく思いつつも、自分のマネジメント力不足を追及されるのかと思って構えていたが、担当社員とカウンセラーが親身に話を聞いてくれるので、だんだんと本音を話し、食欲減退や不眠などについても話した。

その結果、カウンセラーの計らいでY中は数日休暇をもらい、自宅で静養することになった。

また、事態を重く見た総務課社員は、M上とS下、そして営業部のメンバーにもヒヤリングを行い、Y中の指示を無視して勝手な営業活動をしたり、周囲の人間に命じてY中を無視させたりしたM上の行為がパワーハラスメントにあたる可能性が高いとして厳重注意を行った。その後、M上とS下はそれぞれ別の部署に配置転換され、静養で体調の戻ったY中は2週間後に復帰することができた。

◆珍しくない年上部下からの「逆パワハラ」

職場のパワーハラスメントとは、「同じ職場で働く者に対して、職務上の地位や人間関係などの職場内の優位性を背景に、業務の適正な範囲を超えて、精神的・身体的苦痛を与える又は職場環境を悪化させる行為」と定義されている。

この定義においては、上司から部下に対するものに限らず、職務上の地位や人間関係といった「職場内での優位性」を背景にする行為が該当することがうたわれている。一般的には上司から部下へのパワハラという図式が知られているが、必ずしも職制上の関係だけでなく、同僚同士や、部下から上司など、人間関係の優位性を背景に行われるパワハラもある。

例えば、新しく赴任してきた上司が、現場での作業は不慣れで戸惑っていると、部下が「新しく来た上司は使えないから、皆で無視しよう」などと言って、上司を無視するケースなどである。

年功序列の崩壊、定年延長や再雇用制度などにより、かつての元上司が部下になったり、年上の部下を持つこともあるだろう。年長者や先輩に対して敬意を払うことは必要だが、業務の指示命令に従わない年上部下を野放しにしておくと、組織が崩壊することもある。場合によっては、毅然とした対応で指示に従うようリクエストすることも必要だ。

また、ジェネレーションギャップや、年上部下の承認欲求などから年下上司を批判することもあるだろう。その際には、最初から否定せずに、年長者としての意見は尊重する姿勢も持つべきだ。広く意見を聞き、その上で適切な判断を下していくことが重要だ。

ケース②
転職先でマウンティングし、同僚をバカにする大手出身モンスター

Ｗ社　概要

企業のシステム開発を請け負うＩＴ関連企業。従業員数は40名ほどだが、高い技術力を誇り、取引先はほぼ大手企業なので、経営は安定している。

登場人物

Ｔ中：Ｗ社の企画営業部のマネージャーで30代男性。専門学校を卒業後、Ｗ社に入社し、独学で技術を身につけた。真面目で努力家なので取引先からの信頼も厚い。

Ｉ田：Ｗ社の取引先である大手企業からＷ社に移ってきた50代男性。Ｔ中の下で企画営業を担当している。口先ばかりで実行が伴わない。大手出身のプライドだけは高い。

Ｓ藤：Ｗ社の取引先である大手企業の担当者で40代男性。Ｉ田の元同僚。Ｔ中の仕事ぶりを評価しており、何かと便宜を図ってくれている。

W井：W社の社長で50代男性。30代の頃に大手企業を退職してW社を立ち上げた。頭脳明晰で行動力がある。

元大手勤務・有名大学卒をアピールする50代社員

T中は、あるプロジェクトが終了し、客先である大手企業の担当者S藤から「プロジェクト終了の慰労会」ということで飲みに誘われた。S藤はT中を買っており、気持ちよく仕事ができるようにいつも配慮してくれている。大手企業の社員ではあるが、偉そうなところは少しもなく、5歳ほど年下のT中をかわいがってくれているのだ。居酒屋で2人でビールのジョッキを傾けて乾杯すると、S藤がT中をねぎらった。

「本当に今回もT中さんのおかげで、プロジェクトも滞りなく完了して、感謝してるよ」

「いや、そう言っていただけると、ありがたいです。こちらこそ、いつもS藤さんにはお世話になっています」

酔いが回ってきたS藤が「そういえば」と話し出した。

「W社さんにI田さんがいるんだってね。あの人とは前に同じ部署で仕事してたんだよ」

「そうなんですか？」

と、T中はちょっと表情を曇らせた。I田はS藤と同じ大手企業出身で、今はT中の部下だ。自分より20歳以上年上で大手企業出身の部下であるI田は何かと扱いにくく、T中は苦々しく思っていたのだ。特にT中が辟易させられていたのが、I田のマウンティングだ。T中が専門学校卒と知ると、自分の出身大学である有名大学についての自慢や、出身企業である大手企業の自慢など何かと鼻につく話をしてくる。

「あの人、面倒くさいでしょ？」

S藤はニヤッと笑い、T中の反応を楽しむように顔を覗き込んだ。「いや、そんなこと……」T中が返答に困っていると、S藤が「ハハハ」と笑ってT中の背中をポンと叩いた。「いいって、無理しなくて。あの人うちの会社にいた時、口先ばっかりで全然仕事しないから持て余してたんだよね。それにしても、なんでW社さんに入ることになったの？」

T中は、社長のW井がI田を引き抜いた経緯について以前聞いたことがある。W井がI田の出身企業である大手とより太いパイプを築きたいと思っていたところ、人材紹介会社から紹介されたのだと。I田の経歴は申し分なく、W井もW社としては破格の条件で迎え入れたのだ。

ところが、実際に働き始めると、I田は全く仕事ができず、その上、プライドだけは高いので、W井も頭を悩ませるようになった。当初は部長待遇で迎えたが、あまりの仕事のできなさに、降格してT中の下につけたのだ。

自分より学歴も年齢も低いT中の下につけられたのが気に入らなかったのか、T中の指示には従わず、何かと批判ばかりする。そのくせ自分は何も行動しないので、今や完全にW社のお荷物となっていた。

「多分、社長はI田さんが御社の出身だから、もっと御社からの受注を拡大できると思ったんじゃないですかね」

T中は当たり障りなく答えたが、S藤はT中の本心を見透かしているかのように話した。

「いや、無理でしょ。あの人うちの会社での評価は最悪だったし。システム関係の知識なんてゼロだからね。そのくせ、下請けさんとか派遣さんには偉そうな口きくからね」

「まぁ、そういうところはあるかもしれませんね」

T中は無難に返答すると、（やっぱり、I田さんは前職でもそうだったのか）と納得した。

仕事ができないくせに同僚にマウンティング

ある日、Ｔ中とＩ田を含むプロジェクトメンバーが会議室で打ち合わせをしていると、Ｔ中の意見に対してＩ田が反論した。しかし、Ｉ田の意見は全くお門違いであり、その点をＴ中が指摘するも、Ｉ田はさらに見当違いな反論をしてくる。

メンバーも皆だんだんとイライラしてきたのか、あるメンバーがついに「Ｉ田さん、技術のことが分からないなら、黙っててくれませんか？」と言い放った。すると、Ｉ田は顔を真っ赤にしつつも冷静さを装った。

「君たちは、小さな中小企業の人間だから俯瞰的な見方ができない。私は大手でさまざまなプロジェクトを同時進行させていたから、全体的なバランスで物を見ているけどね。君たちには分からないかな」

Ｉ田の話を聞いて、Ｔ中はじめメンバー全員がカチンときたが、言い争っても仕方ないと思い、「とりあえず、明後日の会議までに各自意見をまとめてくるように」とＴ中が会議を終了させた。

会議で疲労感を覚えたT中が喫煙室で一服して戻ると、チームメンバーの1人とI田が言い争いをしていた。

「大手企業出身がそんなに偉いんですか？　俺らのことやT中マネージャーをバカにするのは許せません！」

「すぐそうやって感情的になるのは、インテリジェンスが足りないからじゃないか？　そういう言動はお里が知れるぞ」

I田と言い争っていた社員は「くそっ」と机をこぶしで叩くと、バーンとドアを閉めて出て行った。T中が周りにいたメンバーに事情を聞くと、I田がメンバーやT中をバカにするような発言をしたことで言い争いになっていたという。T中が、I田にも確認すると、

「彼は高卒でしたっけ？　私とは話がかみ合わなくて困ります。すぐに感情的になるし、やっぱり中小企業ではなかなか優秀な人材と出会うのは難しいですね」

とヘラヘラと笑っている。I田のこの発言で温厚なT中も頭の中でプチッと何かが切れるのを感じた。

「I田さん、そうやって人の学歴や会社の規模をバカにする発言はよくないですよ。相手が

どんな人間でも同じ会社の同僚なんだし、一定の敬意は払うべきじゃないですか？」

「敬意を払えるような相手であればね」

と、I田は相変わらずヘラヘラと笑っている。T中は怒りを抑えつつ、I田に言った。

「I田さんは確かに有名大学を出て大手企業を経てうちに来ました。うちは中小企業だし、I田さんから見たら下流の人間かもしれません。ですけど、少なくとも入社して2年間、全く我が社に貢献できていないI田さんよりはずっと会社に利益をもたらしている人間です」

I田は顔色を変えて、「自分は管理職としての能力を買われたんだ」「プレイヤーじゃなく、全体を見るのが仕事だ」などとまくしたてた。


「もういい、やめろ」

騒ぎを聞きつけて様子を見に来たW井社長が後ろから声をかけた。社長の一声でI田もT中も黙り込むと、あたりが静まり返った。

「I田さん。管理職として前職から引き抜いてきたのに、プレイヤーの仕事をさせてすまなかった。私のミスだ」

W井社長がI田に話しかけると、I田は溜飲を下げたのか、落ち着いて答えた。

「そうです。私は管理職という立場でこそ能力を最大限発揮できると思っています」

「いや、私は管理職として君を引き抜いたが、それ自体がミスだったと思っている。人を見下したり、バカにするような人間は、管理職には絶対にすべきではない。君の性質を見抜けなかった私のミスだ」

I田はW井の話に顔色を変えた。

「確かにうちの会社は中小企業で、大手から来た君から見れば、いろいろと不満はあるだろう。だが、うちの社員は全員優秀なメンバーで私は誇りに思っている。その社員を見下すような人間はうちでは必要ない。今日限りで辞めてくれ」

W井にきっぱりと告げられたI田は、恥ずかしさと怒りで声も出ず、そのまま黙って出ていった。

その後、I田はW社に対して、解雇に関する補償を求める文書を送ってきたが、最終的にはW社が給与の3カ月分を支払うことで合意した。

◆大手から中小に移るシニア人材の対処法

中小企業などでは、大手企業や金融機関から管理職として中高年の社員を迎えることも少なくないだろう。大手や金融機関で培った知識やスキル、人脈を中小企業で活かして活躍しているシニア人材も多数いる。

一方で、大手という看板につられて、実際の仕事ぶりや能力を精査せずに迎え入れた後、期待した仕事ぶりでないために持て余してしまうというケースも少なくない。また、大手と中小企業の文化の違いを受け入れられず、何かと批判的になるシニア人材の問題も聞く。こういった人材が社内の空気を悪くしたり、トラブルを持ち込む可能性も高い。

大手出身であろうが、仕事は結果がすべてであり、上司としては毅然とした態度で対処することが必要だ。一方で、長い職業経験からの貴重なアドバイスもあるだろう。有用なアドバイスについては、構えずに素直に聞く姿勢も必要だ。

いずれにしてもマウンティングをしたがる人は、少なからずコンプレックスを抱えているものだ。相手がどうしてそのような態度を取るのかを見極めて、不愉快な言動は改めてもらうように伝えたい。

ケース③
舌打ちに書類投げ……成果を出さず不機嫌をまき散らす50代部下

A不動産　概要

社長のA山が20年前に創業した不動産売買の会社。従業員数20名程度。投資用物件をメインで扱っているので、客は富裕層や外国人が多い。

登場人物

Y田：社長のA山がA不動産を創業する前の会社で同僚だった。50代後半の部長。前職では営業成績は中の上くらいだったが、A不動産に移籍してからの成績はふるわない。

A山：A不動産社長で50代後半の男性。創業の際に、同僚だったY田を誘って入社させた。お人好しで、多少優柔不断なところがある。

H本：Y田の部下である20代男性営業社員。結果も出さないくせに偉そうなY田を内心嫌っている。野心が強く、稼ぐために不動産営業の道を選んだ。

F岡：事務を担当する20代女性社員。数週間前に転職してきたばかりで、前任者からほとんど引き継ぎを受けず、四苦八苦している。

高い給与を払っているのに成績が振るわない部長

A山は過去数カ月の売り上げのレポートを見て、頭を抱えていた。A不動産は、マンションやアパートなどの不動産物件を仕入れて、不動産投資を行う富裕層に販売している会社だ。物件を仕入れなければ、売り上げは立たない。社長のA山自身、前職でもトップクラスの営業だっただけに、今でも自ら仕入れ・販売をしている。しかし、従業員数も20名ほどになってくると、社長自ら最前線で営業するのを控え、マネジメントに集中したいという思いが強くなっている。ところが、A山に代わるような営業が育っていないのが大きな課題だ。

本来であれば、前職で同僚だったY田が、部長として営業部をとりまとめ、結果を出していくべきなのだが、Y田の成績は全くふるわない。A山が起業の際に、Y田を半ば強引に誘ったので、Y田には非常に高い給料を支払っているのだが、それに見合う結果が全く出ていないのだ。気が付くと、年収より売り上げが少ないというマイナスの状態になっていた。これまでにも何度かY田と話し合いをしてきた。しかし、Y田は、

「使える部下がいない」

「テレアポは俺の仕事じゃない」

「不満があるなら部長職から降ろせばいい」

などと、開き直りともいえる発言で行動を変える気は全然なさそうだ。A山もY田のことは常に悩みのタネなのだが、元同僚という関係性と、情があり、今まで何も対処できずにそのまま来てしまった。

（今は自分が8割近い売り上げを作っているから会社も回っているが、今後のことを考えたら、やはり営業力の強化は必須だろう……）

そう考えたA山は、知り合いから紹介された営業トレーナーなる講師を自社に呼び、月に2回ほどの営業研修を営業職全員に行うことにした。

外部の研修講師にも尊大な態度

営業研修当日、営業職の社員全員が会議室に集まると、Y田は始まる前からブツブツと文句を言っていた。

「こんなことやっている間に、外回った方がよっぽどいい」

「今さら何を教わるんだよ。社長もくだらないことに金使って」

「俺は適当に居眠りしてやり過ごすよ」

などと周りに言うと、いざ講師が入ってきても腕組みをして、講師を値踏みするように睨みつけた。

講師の教え方はとても上手で、ユーモアを交えつつ、実践的なトレーニングも取り入れていた。若手社員はとてもモチベーションが上がったようで、楽しそうにしている。その様子を横目で見ながら、不機嫌そうに黙り込んだY田は、講師が発言を促しても、

「特に言うことはない」

「俺は何も教わることはない」

などと、講師に対して終始、反抗的な態度で、ロールプレイングも断固として参加しな

かった。


研修終了後、A山から様子を聞かれた20代の営業社員であるH本は興奮気味に話した。

「研修、すごくよかったですよ。講師の説明も分かりやすくて、実践的でした。すぐに現場で応用したいです」

A山は満足そうに微笑んだ。

「そうか。よかった。これからも定期的に来てくれるから、大いに吸収してくれよ」

「はい！　それと……ちょっとY田部長の態度が気になって……」

H本は、言いにくそうにY田の研修中の態度についてA山に伝えた。

「外部の講師の先生にあの態度はないと思います。社長から言ってもらえませんか？　僕らも見ていて恥ずかしかったです」

A山は苦々しい気持ちになるのと同時に、怒りも感じた。本来はY田が積極的に皆に働きかけて、有意義な研修になるように講師に協力すべきなのに、何をやっているんだ、という気持ちが沸き起こってきた。

ワガママ部長に振り回される新人事務

ある日、A山は打ち合わせと面談を兼ねて、事務のF岡をランチに誘った。F岡は、数週間前にA不動産に入社したばかりで、毎日バタバタしているようだったので、様子を聞きたいと思ったのだ。F岡に「少しは仕事に慣れた？」とA山が聞くと、F岡は笑顔を向けて、「仕事自体は徐々に慣れてきました。最初は分からないことばかりでしたが、自分なりに調べて何とかやっています」

と明るく答えた。「そうか。よかった」とA山がホッとしていると、F岡が「仕事は慣れたのですが、Y田部長が……」とY田の件で悩んでいると打ち明けてきた。

F岡が言うには、Y田は出勤すると毎日新聞を1時間以上も読んでその間にコーヒーを淹れるよう、F岡に命じるのだが、毎回コーヒーについて文句を言われるというのだ。

「『いい加減、上司の好みの淹れ方くらい覚えてくれ』だの、『勝手に銘柄を変えるな』だの、いちいち文句や嫌味を言うんです。機嫌が悪い時はドアをバーンって音を立てて閉めたり、書類を投げるようにバサッと放ることもあります」

A山は、Y田の言動を思い出すと、確かにそういう要素はあるかもしれないと思った。A

山の前ではそれほどではないが、機嫌が悪いと感情を露わにするところはある。

「営業の社員も皆、Y田部長を嫌っていますよ。『どうして結果も出さない部長が俺らの上司なんだ?』って。部長が何も仕事をしないのに、高い給料をもらっているのも不満みたいですね」

F岡のハッキリした物言いに驚いたA山だったが、(F岡の言うことももっともだな。このままでは、営業社員の不満も大きくなる一方だ……)と、何とかしなければ、という気持ちが強くなった。

降格させたら開き直った!

A山は、Y田の処遇について悩みに悩んだが、ついに部長から課長職に降格させることを決意した。それにより年収もかなり下がるが、平均的な50代後半の男性社員としては、それでも多い方だ。本来であれば、Y田の営業成績だと課長職でも厳しいのだが、いきなり役職を取るわけにもいかず、A山としては苦渋の決断だった。

Y田を呼び出し、降格と給与の説明をすると、Y田の反応は意外とあっさりしていた。

「あ、そう。分かった。それで、手取りはどのくらいになるの？」

拍子抜けしたA山が説明すると、

「ふーん。まぁ、もう社長が決めたことなんだから文句言っても仕方ないでしょ」

と納得したようだ。（もっと反論したり、怒ったりすると思ったが……）とA山は意外に思いつつ、

「頑張って部長職として昇格して、また活躍してほしい」

と激励した。すると、Y田はA山に向かって、

「あ、俺、これからは課長の仕事しかしないから」

と捨て台詞を吐き、社長室を出ていった。

A山はY田の言葉に唖然として椅子に座りこんだまままたため息をついた。

（課長の仕事しかしないって……。今までだって部長の仕事はおろか、平社員並みの仕事だってしていなかったくせに。何を言い出すんだ！）

A山は沸々と怒りが湧いてくるのを感じた。

数日後、月に2回の営業研修で講師がやってきた際、研修の途中の休憩時間にA山がコーヒーを飲んでいるH本に声をかけた。

「H本、どうだ？　今日の研修は？」

「あ、社長。すごく刺激になります。皆、やる気になっていますよ」

「そうか。……ところで、Y田課長の様子はどうだ？」

「あー……」

H本は苦笑いをすると、Y田の研修での様子を話し出した。

「前回同様、全く協調性はないですね。しかも、今日なんて講師の先生に偉そうに意見したりして、周りもドン引きですよ」

H本の話だと、Y田はやる気のない態度で、周囲の社員に「こんなことで売れるようになったら苦労しないよな」などと講師に聞こえるように話しているという。

「周りもすごく嫌な気持ちになるし、もうY田課長は外してもらえませんか？」

H本はうんざりした様子で訴えた。

休憩時間が終わり、研修が再開した頃を見計らって、A山も研修の様子を覗きに行った。

すると、一番後ろの席で不機嫌な顔つきで腕組みをし、斜に構えるY田の様子が見えた。講師がY田に話しかけても、不機嫌な表情を崩しもせず、「別に」「関係ない」「知らない」などと、敵対心をむき出しにした様子だ。あまりの態度にカッとなったA山は、研修の途中ではあったが、Y田を別室に呼び出した。

「あの態度はなんだ！　先生に失礼だろ！　管理職なんだから、少しは部下への影響も考えろよ！」

Y田はふてくされた様子で、A山を睨みつけ、

「俺は課長の仕事しかしないって言っただろ。給料を下げて、今までと同じ仕事を要求するのは筋違いだ」

と反論した。

「いや、そうじゃないだろ。部長でも課長でも平社員でもあの態度はないだろ。それに、部下への影響を考えなきゃいけないのは、課長も部長も一緒だろう！」

A山が興奮して声を荒らげると、Y田は不機嫌そうに、

「じゃあ、クビにすればいいだろう」

と吐き捨てると、「外回り行ってくる」と言うと、出ていってしまった。

舌打ち、書類投げ、部下を無視……不機嫌をまき散らす

それからのY田は、ますます態度を硬化させ、部下を無視したり、舌打ちをしたり、大きな音を出してドアを閉めたり、書類を投げたりと、不機嫌さをまき散らして周囲もうんざりしていた。ある日、F岡が淹れたコーヒーの温度が気に入らないと、Y田はネチネチと嫌味を言い始めた。

「F岡さん、いつになったら、まともなコーヒーを淹れられるようになるの？　こんな熱いの飲めるわけないだろ！」

F岡はムッとしつつ、

「でも、昨日はぬるくて飲めないって言うから、今日は少し熱めにしたんですけど」

と言い返した。Y田は、

「まったく、今どきの若い子はお茶くみすらまともに出来ないんだからな」

と、言うと、「淹れなおして」とカップをF岡に突き返した。

今までさんざんY田の機嫌を損ねないよう気を遣って接してきたF岡だったが、ついに堪忍袋の緒が切れた。

「いい加減にしてくださいよ！　課長の機嫌の悪さにどれだけ周りの人が迷惑しているか分かってます？　気に入らないならコーヒーくらい自分で淹れてください！」

「何だと？　それが上司に対する口のきき方か！」

Y田も声を荒らげると、F岡に詰め寄った。

「上司って言うなら、少しは上司らしい振る舞いをしたらどうですか？　偉そうにワガママ放題言って、周りも皆、呆れているんですよ！」

Y田は真っ赤になって、

「新人のくせに生意気な！　もう来なくていい。クビだ！」

と、F岡に言った。「クビ」と言われてF岡が怯んでいると、途中から様子を見ていたA山がY田の前に出てきて、静かに話し出した。

「課長、課長は先日私に『これからは課長の仕事しかしない』って言ったよな。営業課長には人事権はないんだ。だから、F岡さんをクビにする権限もない」

そして、F岡や黙って様子を見ていた社員たちの方を向くと、

「みんな、悪かった。俺が課長にハッキリ言わなかったために、皆にも不快な思いをさせた。すまない」

と頭を下げた。続けてY田に対して、

「課長、これ以上不機嫌をまき散らしたり、物に当たったりするようなら、君の方こそこれ以上会社に来なくてもいい」

と静かに言うと、部屋を後にした。

それからは、Y田も少しは大人しくなったようで、あからさまに不機嫌な態度はとらなくなった。現場はまだ少しぎくしゃくしているが、他の社員もY田の機嫌に怯えることなく、のびのびと仕事をしている。A山は改めて、自分が事態を悪化させてきたのだと反省した。

◆職場に悪影響を与える「不機嫌な部下」をどうするか

不機嫌な人が職場にいると、周りは気を遣ったり変な緊張感を強いられたりとストレスがたまる。自分が何かしら気に障ることをしたわけでもないのに、八つ当たりのように不機嫌をまき散らされる方はたまったものではない。そのような部下に対して、どう対処したらいいだろうか？

そもそも、不機嫌な態度を取る人は、怒りや何らかの欲求不満を抱えている。その怒りや不満を「不機嫌」という誤った方法で表現しているのだ。そんな人に対して、同じように不機嫌に接したり、ビクビクしたりして腫れ物に触るように対応すると、相手の思うつぼだ。

まずは、相手の態度に動じないことが重要だ。あくまでも冷静に理性的に対応し、言うべきことは言う。相手の不機嫌は自分の問題ではなく、相手の問題なのだ。その上で、相手の不機嫌の理由を推測すると解決方法が見えてくる場合もある。

先述したように、不機嫌な人は何かしらの不満や怒りを抱えているので、それについて理解することで本質的な問題に気づくこともある。ただし、必要以上に同調するのは危険だ。

あくまでも冷静かつ理性的な対応をしていくことが重要だ。

ケース④
「俺のことをバカにしているのか!?」キレる60代部下の背景に……

N社　概要
創業60年の金型製造の会社で従業員数は200名ほど。古い体質の企業で、製造現場の社員は職人気質の人が多い。製造現場の人手不足もあり、昨年、定年を60歳から65歳に引き上げた。

登場人物
H坂：60代の男性社員。製造現場で働いていたが、ミスが多く勤務態度にも問題があり、現在は総務課で預かりとなっている。
S山：総務課長で40代男性社員。H坂の上司。製造現場にいたH坂に問題があり、S山の判断で総務課に配置換えをしたが、何かとトラブルを起こすH坂を持て余している。

M井：総務課の30代女性社員。大学卒業後、新卒で入社したN社の総務課でずっと勤務している。何事もきちんとしておきたい性格。

F医師：N社の産業医で40代男性。ざっくばらんな性格で、S山も信頼を置いている。

バスの運転手に大声でキレるシニア社員

「課長、昨日バスでH坂さんが運転手さんにすごい剣幕でキレてる場面に遭遇しちゃいましたよ」

女性社員のM井が総務課長のS山に話しかけた。M井は、H坂のあまりの暴言に驚いたという。

「昨日雨が降っていたから、バスが少し遅れていたんです。それにイライラしていたみたいで、H坂さん、バスに乗り込むなり運転手さんに向かって、『あんたら時間を守るのが仕事だろ！』『バス代は払わないからな！』ってバス中に聞こえる大声で怒鳴り始めて、私恥ずかしくて……」

H坂は製造部から総務に移ってきた60代の男性社員だ。同業他社で長年勤めた後、50代後半でN社に入社して以来、ずっと製造現場にいた。しかし、ミスが多く、勤務態度にも問題があったため、総務課で預かることになったのだ。ところが、事務職である総務課ではなかなか仕事を覚えられず、上司であるS山も持て余している。（仕事のことで、ストレスがたまっているのかもしれない）とS山は考えた。

M井は、「そういえば……」と話を続けた。

「前にもパンフレットを依頼している印刷業者を怒鳴りつけていたんです」

と数カ月前の出来事を話し出した。何でも印刷業者の担当から打ち合わせの時間に10分ほど遅れるという連絡が入った際に、電話口でものすごい勢いで怒鳴りつけていたというのだ。

「あんな些細なことで怒鳴られて、業者さんも気の毒でしたよ。年を取るとキレやすくなるって言いますけど、若い頃のH坂さんを知らないから何とも言えませんよね」

M井はやれやれ、といった表情で席に戻った。

S山自身は、H坂がキレたところを直接見たことはないので、何とも言えないが、常に不機嫌そうな表情で仕事をしているH坂の様子を思い出すと、（何となく想像はできるな……）

と思うのだった。

社内でも、キレては狼藉をくり返す

数日後、S山がパソコンで資料を作成していたところ、経理課の女性社員が訪ねてきた。

「S山課長、ちょっといいですか?」

経理課の女性社員に呼び出され、会議室に行くとH坂の件で経理課の人間が困っているという相談だった。

「先日H坂さんが経理課に来て、『給与の振込額が違う』とか『経費精算が間違っている』って怒鳴ってたんです。でも、調べても経理課の間違いじゃなくて単にH坂さんが勘違いしているだけだったので、説明したのですが、全く聞き入れてくれなくて困っています」

経理の女性いわく、H坂は尋常じゃない怒り方で、怒鳴り散らし、経理課の人間の説明も聞かず一方的に感情を爆発させていたのだという。それでも、根気よく説明しようとしたこの女性に対して、「俺のことをバカにしているのか⁉」とさらにキレはじめ、収拾がつかなかったという。

「あまりの様子に私も他の経理課の社員も驚くと同時に怖くなって……。S山課長から何とか言ってもらえませんか？」

以前にM井からバスでの様子や業者への対応などを聞いていたS山は、「私から話してみるよ」と答えると、H坂を呼び出した。

「H坂さん、実は経理からあなたの言動について相談があって……」

と一連の話をH坂に確認したS山に対し、H坂の答えは意外なものだった。

「え？　何の話ですか？　私が怒鳴ったって言っているのですか？」

と、全く身に覚えがないような答えだった。S山も（経理が大げさに言ったのか？）と思った。さらに印刷業者への対応について聞いてみても、「そんなことはしていない」と本当に覚えがないような答えだった。

「いや、そうですか……。私も人から聞いた話だから、一応確認しないとと思って。H坂さんが身に覚えがないというなら、もしかしたら相手の誤解かもしれませんね」

そう言いながらもS山は狐につままれたような気持ちだった。

席に戻ったS山が、M井に確認してみようとH坂との話し合いの内容を伝えると、M井は眉をひそめて深刻な顔をした。

「H坂さん、確かに業者にもキレて怒鳴っていましたよ。あれほど怒ったことを覚えていないなんてないですよ。もしかして……」

「もしかして？」

S山が促すと、M井はより一層声を潜めて話し出した。

「何か病気じゃないですかね？ 実は、キレる以外にも、仕事で伝えておいたことを忘れてしまったり、この間なんてコピー機の操作が分からなくてコピー機の前でフリーズしていたんです」

「いや、まぁ年齢も年齢だから忘れることはあるだろうし、コピー機は慣れていなくて使い方が分からなかったんじゃないか？」

病気かもしれないと言われて驚いたS山は、「まさか」という思いだった。しかし、M井は深刻な顔で続けた。

「あれは普通の物忘れと違いますよ。言ったことを忘れたんじゃなくて、そもそも会話があったこと自体を忘れているんです。実は、私の祖母が認知症だったんですが、その時と少し似ている気がして……」

S山は、まさかとは思いつつも、60歳を過ぎたH坂の体調に変化があってもおかしくはない。（ちょっと気を付けて様子を見てみるか）とS山は不安を覚えた。

それから10日ほどH坂の様子を注意深く見ていたS山は、やはりM井の言うとおり、明らかに様子がおかしいことに気づいた。依頼していた作業を忘れたり（そもそも依頼されたことさえ忘れているようだった）、先日はお茶の入れ方が分からないようで、自分の湯飲みを持って困った顔をして給湯室で立ち尽くしていた。また、社内の別のフロアに行った後、自分の居場所が分からなくなってしまったようで、数時間も席を外していたこともあった。幸い、同じ総務課の社員が途方に暮れているH坂の前を通りかかり、一緒に戻ってくることができた。

これらの件で、（やはり病気なんだろうか……）と思ったS山は、産業医のF医師に相談することにした。

まさかの若年性の認知症?

「それは、認知症の可能性が高いと思いますよ」

F医師に電話をかけたS山は「認知症」という言葉にショックを受けた。

「でも、H坂さんはまだ60代前半ですよ。認知症になるには早いと思いますが……」

F医師は、S山の意見を否定した。

「認知症は、若い人でもなり得ます。40代でもかかる場合はありますよ。一度専門医に診てもらった方がいいと思います」

S山はさらにショックを受けたが、まずは病院へ行ってもらう必要があるな、と思った。しかし、直接H坂に「認知症の疑いがあるから病院へ行ってほしい」とは言いにくい。そこで、ちょうど来月は健康診断があるので、その場でF医師がH坂に面談し、受診を促すことにした。

H坂と面談したF医師が、H坂の同意のもと、S山に連絡をしてきた。

「やはり、H坂さんは認知症の恐れがあります。専門医を紹介しました。来月受診するそうです。今後の仕事のことを不安に思っているようでしたので、一度話してみてください」

S山はH坂の今後について、どうしたものかと頭を抱えた。

数日後、S山はH坂を呼び出すと、単刀直入に状態について尋ねた。H坂は、不安そうで困ったような表情を浮かべていたが、やはり話が前後したり、様子がおかしい。

「F先生から専門医を紹介されたと思うけれど、ご家族に付き添ってもらったらどうですか?」

とS山が優しく語りかけると、「はい……」と力なく答えた。S山がその場で本人の了承を得て、H坂の妻に電話した。すると、妻も夫の変化にはずいぶん前から気づいていたようで、何度か受診を勧めたのだが本人が聞かなかったのだという。離れて暮らす息子に協力してもらって、病院へ連れて行くので、また妻から連絡をするとのことだった。

その後もH坂は勤務を続けていたが、相変わらず言ったことを忘れたり、ミスをしたりと職場にも影響が出ており、周囲も困惑していた。

数週間後、H坂の妻から電話があり、専門医に診てもらった結果、やはり認知症との診断だったそうだ。妻はショックを受けていたようだったが、息子がいろいろと協力してくれているので心強いと、涙ながらに話した。妻は、これ以上会社にいても迷惑がかかるし、年も年だからこのまま今月末で退職して、治療に専念させたいと申し出た。

S山は複雑な気持ちではあったが、たとえ休職をしたとしても、復帰できる可能性は年齢的にも低く、認知症を抱えながら活躍できる職務を探すことも現状のN社では困難であることから、妻の申し出を受け入れた。

（キレる老人の話は聞いたことがあったが、まさか認知症が隠れているとは……）と、S山は高齢の社員と一緒に働く難しさを痛感した。

◆高齢部下のいつもと違う様子に注意

人生100年時代といわれ、年金の受給開始年齢が上がり、人材不足もあって定年の引き上げ等に取り組む企業も増えてきている。年齢にかかわらず、元気に活躍できる社会は大いに歓迎したい。しかし、一概に高齢者といっても健康状態や体力は人それぞれだ。70歳を過ぎても、なお元気に現役で働く人もいれば、もっと若い段階で健康状態を悪くし、働けなくなる人もいる。そういった中、高齢社員の健康状態はやはり気を付けておきたい。毎年の健康診断の結果については、おそらく人事部等が確認しているだろうが、普段の様子についても違和感を感じたら注意深く様子を見ておくことがポイントだ。

●今までよりミスが多くなった
●予定を忘れたり、大事な用事をたびたび忘れる
●普通にできていたことができなくなった
●怒りっぽくなった

といった認知症の兆候はもちろん、他にも「いつもと違う」「違和感がある」といった際に、家族に家での様子などを聞くと、早めに状況を把握することができる。

高齢社員に限ったことではないが、部下の健康状態の変化に気づくためにも、普段からよく部下の様子を見守り、コミュニケーションを取っておくことが重要だ。

第5章

モンスター部下とどう対峙するか

もしあなたの部下がモンスターだったら？

もし、あなたの部下がモンスターだった場合、どうするだろうか？　無責任で自己中心的、嘘をつき、幼稚でモラルは低い。そんな部下を持った場合、ほとんどの上司が振り回され、疲弊し、「関わりたくない」と思うのが本音だろう。

実際に、モンスター部下は話が通じず、話し合っても平行線に終わることが多い。お互いに違う価値観で話をするため、かみ合わないのだ。しかし、だからといって相手を避けてばかりだと、だんだんと他者へ悪影響を及ぼし、気づいた時にはあなたのチームが崩壊させられているという事態にもなりかねない。どんなに話が通じない相手だと思っても、「逃げずに向き合う」ことが重要だ。

ほとんどのモンスター部下の問題行動の裏には、その人の何らかの欲求不満が隠れている。人が問題行動を起こす時には、何かしら満たされないものを抱えているものだ。それを誤った方法で満たそうとする言動が問題行動となるのだ。

筆者が以前相談を受けたケースで、こんなことがあった。即戦力として採用した30代後半の経理課長が、入社するなり社内の管理体制について「全く整理されていない」などと批判し、同僚の経理課社員に「能力が低い」「仕事ができないくせに残業申請するな」「休日もタイムカード切らずに出勤するべき」などと、とんでもないことを言っていた。

そのことを社長から注意されると、「そんな意味で言っていない」「周りが自分を貶めようと嘘をついている」と言って、発言を認めようとしない。周囲も振り回されるので、辞めさせたいとのことだった。

相談を受けた筆者は、直接本人と社長と面談の機会を持った。その際に、最初は警戒して当たり障りのない受け答えをしていた課長だったが、話を丁寧に聞いていくと、発言の裏には、「自分の力を認めてほしい」という欲求が隠れていることが想像できた。要は、仕事ができるところを早く周りに認めさせるために、会社や同僚を見下して、自分を相対的に上に見せようとしていたのだ。本人自身もそのような自分の心理に気づいてはいないようだったが、彼の心の奥にあるのは、承認の欲求と「周りに認めてもらえないのでは」という不安だということに気づいた。

実際にその本心に周りが気づいたところで、相手が自分自身でその気持ちに気づかない限りは、対策も難しい。しかし、その本心が分かっただけでも、多少なりとも柔軟な対応ができるだろう。まずは、相手の言動の奥にある本心は何なのか、何が問題行動の原因なのかを探ることが問題解決の第一歩だ。そのためにも、モンスター部下には逃げずに向き合うことが必要だ。

モンスター部下のタイプを知る

モンスター部下が巻き起こすトラブルの内容は千差万別だが、モンスター部下の特徴を見ていくと大きくいくつかのタイプに分別できる。相手のタイプがある程度分かれば、対処方法も検討がつきやすい。

問題部下の類型・1　嘘つきモンスター

モンスター部下の中には、嘘をつくタイプが多い。嘘のつき方はさまざまで、すぐにバレるような分かりやすい嘘をつくタイプもいれば、巧妙に嘘をつくタイプもいる。

その中でも特に対処がやっかいなのが、巧妙な嘘をつくタイプのモンスターである。

彼らは一見すると、人当たりもよく、周囲の評判も悪くない場合が少なくない。周囲の人は、まさか彼らが嘘をつくとは思わないため、彼らの話を信じてしまう。ところが、それが巧妙な嘘で、そこから周囲の人間が振り回され、組織が崩壊してしまうことがある。

上司に対して、「○○さんが課長のやり方を批判していました」「△△さんが、○○部長の下では働きたくないって言っていました」などという告げ口をいかにも親切心からしているかのように行う。

同僚に対して、「○○さんが、△△さんのせいで、仕事が進まないって陰で吹聴してましたよ」「△△さんが、いつも○○さんに仕事を押し付けられてうんざりしているって話していました」など、誰かが悪口を言っていたという話を吹き込む。

こういった言動を、常日頃からあまり周囲に信頼されていない人間がすれば、周りも話半分に聞いて取り合わないのだろうが、巧妙な嘘をつくモンスターの場合、周囲も意外と話を信じてしまうことが多い。彼らが嘘をつく目的は不明なことも多いが、根本には人間関係をコントロールしたいという欲求がある。

「誰かがあなたの悪口を言っていましたよ」

ということを知らせてあげることで、「自分の味方であると思わせたい」「相手がその人を嫌うようになってほしい」という願望があるのだろうか。子供の頃にクラスの友達のことを先生に告げ口したり、友達に別の友達が悪口を言っていたよ、といって関係を切り離そうとしたり、という子供がいたことはないだろうか？　そういった言動を大人になっても職場で行うのが嘘つきモンスターだ。

ミスをなすりつけ何人も退職に追い込んだ女性

また、人間関係を崩壊させる目的で嘘をつくモンスターがいる一方で、自分自身の保身のために巧妙な嘘をつくモンスターもいる。誰でも自分がかわいく、時には保身のためにちょっとした嘘をつくこともあるだろう。しかし、自己保身のために、他人を陥れるような嘘は問題だ。

以前に、自分がしてしまったミスを後輩に押し付け、何人もの後輩を退職に追い込んだモンスター社員の相談を受けたことがある。そのモンスター社員は、周囲にはしっかり者で仕事ができるベテラン社員と認識されていた。

ところが、彼女は、会社に数千万円の損害を与えるような大きなミスをした際に、巧妙に嘘をつき、後輩に罪を被せた。周囲もベテランの彼女がそのようなミスをするはずがないと思っていたので、彼女の話を信じてしまった。しかし、何度かそのようなことがあり、彼女の下の後輩が入社してもすぐに辞めてしまうことから上司も何かおかしいと思い始めた。

ある時、また大きなクレームを出すトラブルが発生したが、やはり彼女は後輩のせいにしようと、パソコンのデータまで操作して嘘をついた。しかし、あらかじめログ記録を取り、誰がいつパソコンの操作をしたのか記録を見たところ、彼女が言っていることが嘘であることが判明した。

それらの証拠をもって彼女を問い詰めると、「後輩が自分のＩＤを使って勝手に操作した」と苦し紛れの嘘をつき、それらの嘘も論破されると、ついには、「上司が自分を陥れようとしている」と反撃をしてきた。その後、「上司からパワハラを受けた」「無実の罪で退職を迫られた」（会社は別に退職を迫ったりはしていないのだが）と、弁護士に相談したらしく、弁護士からパワハラ等について慰謝料を求める内容証明が届いて大変驚いた。最終的には会社も弁護士を通して、それまでの経緯や、彼女がミスをして、それを後輩のせいにした事実、パワハラについては全く事実無根である旨を伝えると、その後は全く連絡がなくなった。

彼女は騒動が生じてから体調不良で2カ月近く休んだ挙句、最終的には退職となったので、会社も一安心した。

巧妙な嘘をつく社員を見抜くのは本当に難しい。相手が嘘を言っていると最初から疑ってかかるのも問題だが、少なくとも相手のあるトラブルについては、双方の話をきちんと聞いて、客観的な視点で事実を見極めないと、判断を誤ることがあるので気を付けたい。

問題部下の類型・2　自己愛型モンスター

嘘をつくモンスターにも若干共通するが、モンスターの中には、歪んだ自己愛が強いタイプがいる。彼らは自分が一番大切にされることを強く求めており、自分に対して好ましくない対応や自分の望んだ反応をしない人がいると、問題行動を起こす傾向にある。彼らには次のような特徴がある。

- 自分の話ばかりをして人の話を聞かない
- 人が話している話題にも横入りして、自分の話にすり替えてしまう
- 自分を大きく見せようと、くだらない自慢話をしたり、話を盛るようなことが多い
- ネガティヴ発言が多く、何かと周囲へ不満や愚痴をまき散らす
- 同情を引くために体調の悪さをアピールする
- 不幸自慢が好き

最初は忍耐強く話を聞いていた周囲の人間もだんだんうんざりしてくるので、次第に人が離れていく。すると、自分が注目されなくなり、不満を抱え、問題行動を起こしやすくなるのだ。

このタイプの人は、女性と男性で若干特徴が異なるように感じる。女性の場合は、悲劇の

ヒロイン型が多く、男性の場合は自慢や周囲に力を誇示しようとするタイプが多いようだ。

女性によく見られる「悲劇のヒロイン型」モンスター

過去に相談を受けたケースで、エステティックサロンの社員でこのタイプのモンスターがいた。本人は結婚して小さな子供もいる女性だが、常に自分の境遇を嘆いて愚痴を言っていた。

「夫の学歴が低く、昇進できないから経済的に厳しい」
「○○さんが気が利かないから、いつも私が準備をしなくてはいけない」
「自分はこんなに売り上げを上げているのに、評価しない店長はおかしい」

こういった愚痴を仕事中にバックルームで大声で話し、業務終了後は長文のメールを同僚に送り付け、相手が思うような反応をしないと、機嫌を悪くする。気に入らない相手は無視したり、上司に告げ口をしたりして、精神的に追い込むのだ。

最初は、どうしてそんな意地悪をしたり、感情的な振る舞いをするのか分からなかったが、よくよく話を聞いてみると、「周りに認めてほしい」「自分に注目してほしい」という歪んだ自己愛があることが分かった。自分が承認されていないと感じ、その欲求を満たすために、非常に幼稚で誤った方法で相手の関心を引いたり、愛情を得ようとしていたのだ。本当は自分に自信がなく、自分は受け入れられていないという気持ちを抱えており、その不満を解消するべく問題行動を取る。その言動のせいで周囲はますます彼女から離れていき、職場の人間関係はギスギスして、離職が止まらなかったのだ。

彼女の上司はとことん彼女と向き合って話をしてきたが、上司の思いやりに気づけなかった彼女は、「上司が自分を責めてばかりで、何も分かってくれない」という理由で退職していった。退職する際にも、自分がいかに不幸か、上司がいかに冷酷な人間かを周囲に吹聴していった。

周囲を無能扱いすることで自分を誇示する自己愛型男性

男性の場合、自己愛が強いタイプは、力を誇示するケースが多いようだ。あるレジャー施設を営む会社で、50代の営業部長が人事異動で管理部に所属となった。長い間、営業畑にいた部長は、畑違いの部署で何をどうしたらいいのか分からない。部下はベテランが多く、協力を得れば業務は円滑に進むはずなのだが、自分の存在を誇示したい部長は相手を陥れるという誤った方法で力を示すようになった。

部下が1年以上前から企画し、すでに稟議も下りていたシステム導入を、「費用対効果が望めない」と言って、役員に再検討を願い出た。もちろん、何らかの懸念事項があれば再度検討する必要はあるが、その理由が言いがかりに近いもので、部下はすっかりやる気をそがれてしまった。

さらに、すでに退職している前任の部長について、「仕事がいい加減だ」「不要なシステムを入れて会社の金を無駄遣いしている」「管理部の社員のレベルが低いのは前任者の教育がなっていない」などとこき下ろした。役員に対しては、「営業出身の自分が、管理部といえども数字を意識させ、生産性の高い仕事をさせたい」などと、聞こえのいい言葉を吐き、部下に対しては、「いかに自分が会社の利益に貢献してきたか」「管理部がいかに会社のお荷物になっているか」をネチネチと言い続けた。

部下が何かしらの改善提案をしても、あれこれと理由をつけてダメ出しをし、「そんなレベルの低い提案しかできないのか?」と相手のプライドを傷つける発言をする。常に不機嫌な様子で、尊大な態度を取るので、部署内の空気は非常に悪くなり、部下も余計なことを言わないようにとだんだんやる気を失っていった。

そのうち、管理部の様子を知ることになった担当役員が、この部長に対して、部下への態度を改めるように注意すると、「自分は会社のためを思ってやっている」「無能な部下ばかりで自分は思うとおり仕事ができない」などと逆切れした。役員が、部長の思いや会社への貢献には感謝しているが、部長として適切なマネジメントをしてほしいと再度要求すると、「自分はこの会社には不要ということですね」と言って、機嫌を損ねてしまった。

その後、部長はますます態度を硬化させ、役員や会社の悪口まで言うようになった。会社も部長を持て余すようになってしまい、ついには関連会社に出向させることにした。この出向をめぐって、納得いかなかった部長は、弁護士を通じて「出向の辞令は権利の濫用だ」といって拒否してきた。最終的には話し合いの末、退職金の上乗せを条件に退職することになり、会社はほっとしたようだ。

この部長は、営業職としては優秀であったが、不慣れな管理部の業務を任され、自分の有能さを誇示するために周囲を無能扱いし、相対的に自分が優秀であると認めさせようとした。心理の奥底にあるのは、不安や自信のなさと、歪んだ自己愛だ。

自分に対して、健全な自信を持っていれば、不安を覚えつつも、自分を信じて正面から課題に取り組むことができる。

しかし、こういった人は心の底からは自分を信じておらず、周囲の目が気になるので問題行動で自分の価値を認めさせようとする。結果的に人から認められるどころか、ますます人は離れていく。自分自身の問題に目を向けることができないのだ。

問題部下の類型・3　モラル低下モンスター

世の中には自分のことしか考えず、相手のことや周りの迷惑などを考えない自分勝手な人間が少なからず存在する。物事を目先の損得勘定で捉えており、自分がいかに得をするかを考えるあまり、善悪の判断が抜け落ちてしまうのだ。

ある会社で、経理を担当していた女性が、会社が購入する備品（お茶やトイレットペーパー、ティッシュ、洗剤など）を多めに注文し一部を持ち帰って自分で使っていたことが発覚した。金額にしてみれば大したことはなかったが、会社のお金を勝手に使ったという意味では「横領」になる。会社は本人にきつく注意し、始末書を書かせようとした。

しかし、彼女は、

「今までの前任者もやっていたし、会社の管理体制に問題があるのだから、始末書は書かない」

と言って拒否してきた。

前任者が同じことをしていたかどうかの証拠はなく、すでに退職しているので今さら調べようもない。そもそも、前任者がやっていたかどうかにかかわらず、問題行為であることには変わりない。自分の行為を棚に上げて、会社の管理体制が悪いと言い切る彼女に呆れるとともに、どうしてそういう発想になるのか不思議で仕方がなかった。

確かに、こういった不正を防ぐための会社としての仕組みづくりは重要だろう。人は弱いものだから、目の前に誘惑があれば、そこに流れてしまうことは誰にだってあるだろう。しかし、社会で生きる人間である以上、「人の物を盗ってはいけない」「会社のルールには従わなくてはいけない」という、最低限のモラルは持ち合わせているものだ。そうでないと、社会の中で生きていくことが困難になる。通常の人間は過ちを犯した際に、自分の愚かさを恥じ、反省するものだが、モラルが低下したモンスターは、自分の過ちですら他者のせいにする。こういった人たちにルールの重要性を説明しても、相手が理解できないことも多く、話し合いが平行線に終わることも多い。組織を守るためには、就業規則等でルールとルール違反の際のペナルティを定めておくことが必要となる。

個人的には、懲戒処分というのはできるだけ避け、本人と話し合いを持って問題を解決していくべきだと考えている。しかし、モラルが低下し、自己を反省することがない相手に対しては、淡々と処分をしなくてはいけない場面もある。組織の秩序を守るためには、冷静に判断していくことが必要だ。

「ハラスメントモンスター」と「被害者モンスター」

職場のハラスメントというと、「セクシャルハラスメント」「パワーハラスメント」が問題となるケースが多いが、昨今は「アルコールハラスメント」「カラオケハラスメント」「マタニティハラスメント」など、さまざまなハラスメントの問題が取り上げられている。

特に、「セクシャルハラスメント」と「パワーハラスメント」は、マスコミ等で取り上げられることも多く、それらに関する職場内のトラブルは枚挙にいとまがない。

＊アルコールハラスメント……アルコールによる嫌がらせ。お酒の席で、相手が飲みたくないのに無理やりお酒を勧める行為

＊カラオケハラスメント……カラオケによる嫌がらせ。歌が苦手な人に対して、カラオケで歌うことを強要する行為など

＊マタニティハラスメント……妊娠・出産・育児をきっかけとした嫌がらせ。妊娠・出産育児を理由に精神的、肉体的な嫌がらせや、解雇・雇い止めなどの不当な扱いをすること

ハラスメントに関する相談を受けた際、時には双方にヒヤリングを行い事実確認等をするが、ハラスメントに関するモンスター問題は、主に2つのケースに分かれるようだ。

1つは、加害者側がモンスターで、「意図的に」ハラスメントを行っているケースであ

る。加害者は、相手の尊厳を傷つけ、「貶めよう」「辱めよう」と、悪意ある意図を抱いており、非常に悪質で、自分勝手で幼稚なモンスターが加害側になるケースが多い。モラルも低く、相手がどれほど辛い思いをしているかという想像力も欠如している。

こういった加害者に注意をしても、時には被害者側に恨みを抱いたり、さらに悪質なハラスメントを巧妙に行う場合もある。彼らの心理の奥にも何かしら満たされない思いや恐れがあり、それを解消するために、ハラスメントという誤った方法を選択している。

「顔が暗くて気持ち悪い」というパワハラ

以前に相談を受けたパワハラの案件では、背景に「不安定な人間関係への恐れ」が隠れていたことがあった。住宅設備の工事会社で、営業部にいた主任がパワハラの加害者だったが、部下に対し、「お前は本当に使えないな」「こんな奴と結婚する女がいるなんて信じられない」「顔が暗くて気持ち悪い」などと、皆の前で罵倒し、時には怒りにまかせて手が出ることもあった。かなり悪質なパワハラであり、被害を受けた部下は精神的に不安定になり、心療内科にかかることになってしまった。

筆者が加害者と面談をした際、本人は全く反省する様子はなく、「仕事ができない奴が悪い」「この程度で心療内科にかかるような人材はいらない」など、あくまでも部下が悪いと言い張っていた。筆者との面談も、「俺は忙しい。部外者のあんたに話す必要はない」と言って、最初は頑なな態度であったが、2、3回面談をしていく中で、少しずつ打ち解けていった。

本人が少しずつ自分の気持ちを話してくれる中で、自身の思いを話すようになった。「社内で営業成績の上がらない社員は営業会議で全員の前で幹部より罵倒され、責められる」「そういう中で何とか自分は生き残ってきた」「周りは皆、敵で、同僚も誰一人信用できない」「うっかりすると、周囲から責められ、追い詰められるかもしれない」という気持ちを心の奥に抱えていることが分かった。

自分が皆の前で罵倒される前に、自分より能力が劣っている誰かを罵倒し、責めることで自分の身を守っているように感じた。本人は、そのような自分の心の奥の恐れや不信感を自覚していないようだった。自分がいじめられる前に、誰かをいじめるという、恐れから来る行為だ。

もちろん、この場合の加害者が行っているハラスメント行為は絶対に容認できるものではなく、すぐにやめさせる必要がある。しかし、ハラスメント行為を繰り返すモンスターが、なぜその行為に及ぶのかを考えた時に、もっと本質的な問題が隠れていることも少なくない。

もう一方は、被害者であると主張している方がモンスターであるケースだ。加害者とされる側に「相手を貶めよう」「辱めよう」といった悪意はなく、ハラスメント行為の事実もない。ただ、相手側は、「ハラスメントを受けた」と不快感を抱いている。このケースの場合、ハラスメントの事実は確認できず、受けた側の感情の問題に起因している。

ねつ造されるハラスメント

悪意がなくても、ハラスメントに該当する事実があれば、当然に加害者側に注意を行い、行為をやめさせることが必要だ。しかし、ハラスメントに該当する事実すらないのに、受けた側が「自分は不快と感じたからハラスメントだ！」と主張し、会社に何らかの対応をするよう要求してくることがある。

あるＩＴ企業で、大学を卒業したばかりの男性が入社してきた。ＳＥを志望しており、入社から半年近く研修を受け、現場に配属される予定だった。しかし、何かというと「風邪を引いた」「親戚が亡くなった」「腹痛がひどい」などの理由で入社間もない頃から休みがちになった。研修プログラムも遅れがちなうえ、他の同期より覚えがよくないので、指導担当者は頭を抱えていた。ある日、また「頭痛がする」といって欠勤したので、指導担当者はこの新人と面談を行った。

指導担当者は、「体調管理も社会人として大切なことだから、気を付けること」「研修が遅れているので、努力しなくてはいけないこと」を丁寧に説明した。ところが、その指導を受けた新人が、翌日から会社に来なくなり、無断欠勤をした上、「先輩からパワハラを受けた」と会社に手紙を送ってきたのだ。手紙の内容としては、

「体調が悪くても休むなと言われた」

「自分は一生懸命に努力をしているのに、無能だと言われた」

などと、事実に反するものだった。その上で、

「パワハラを行うような人材を指導者としている会社の管理責任はどうなのか?」

「パワハラをした指導者を懲戒処分してほしい」

と、会社の管理体制や対応を求めていた。これらの対応をしないのであれば、法的措置を取るとまで書かれていた。結局は、パワハラの事実はなかったと判明し、その旨を相手に伝えたが、本人は納得せず、さんざん騒いだ挙句、退職していった。

退職後には、彼の代理人である弁護士から、パワハラ被害について慰謝料を求める内容証明が届いた。会社側も顧問弁護士を通して、パワハラの事実はなかったこと、本人の勤怠に問題があり、通常の注意を行ったことなどを主張し、ようやく相手も諦めたようだった。しかし、この騒ぎで指導担当者は新人教育を続けていく自信をなくし、指導をするにも及び腰になってしまったという。

被害者を装うタイプは対応が難しい

ハラスメント問題がマスコミ等に取り上げられるようになり、世の中にその認識が広がる

ことは、ハラスメントを予防するのに一定の効果があり、望ましいことである。

しかし、一方で、ハラスメントについて誤った認識を持ち、通常の指導についても、自分が受け入れられないと感じると、「パワハラを受けた」と騒ぎ出す人が出ることは問題だ。自分の意にそぐわない言動をする相手を、何かしら理由をつけて「ハラスメントだ」と言って責め立て、「自分は被害を受けた」「何らかの補償をしろ」と不当な要求を突き付ける自己中心的で独善的な考えを持つモンスターは非常にやっかいだ。

彼らには客観的で冷静な話し合いが通用しないケースも多い。そういう意味では、ハラスメント加害者であるモンスターのケースよりも対応が難しいといえるだろう。

問題行動は放置するとエスカレートする

自分の属する組織や自分がマネジメントするチームにモンスター部下が入ってくると、非常なストレスを感じるだろう。こちら側がいかに理路整然と説明したり、言い聞かせても、全く効果がなく、問題がこじれるばかり。話し合いが成立しない、嘘をつかれる、周囲の人間関係を崩壊させられるとなると、チーム存続の危機だ。そういった部下を抱えてしまった場合、どうしたらいいのか？

モンスター部下と一口に言ってもさまざまなタイプがいるし、その問題行動の背景もいろいろだろう。対峙するにあたり、まずは相手を知らなくては、対策も取れない。本人が何を望んでいるのか、どうしてそのような問題行動を起こすのか、そこを把握することが重要だ。

モンスター部下との話し合いは困難を伴い、忍耐を強いられるため、どうしてもコミュニケーションを避けてしまいがちだ。組織において上司は常に多忙でストレスを感じている中で、モンスター部下に時間を割く余裕などないという気持ちも理解できる。しかし、放っておくと問題行為はどんどんエスカレートする可能性があり、やはり最初の段階で適切な対応を取っておくことは欠かせない。

モンスター部下の問題行為の真の目的は何なのかを知る上では、やはり本人との話し合いはどうしても必要だ。モンスター部下との話し合いの際、相手の言い分を聞いて、ついカッとなったり、呆れることも多々あるだろう。そこで上司が感情的になると、冷静に判断する目が曇る。まずは、相手の言い分をそのまま聞くという「傾聴」に徹し、相手が何を目的としているのかを把握したい。「盗人にも三分の理」ということわざもあるが、相手は自分が正しいと感じている理屈があるから主張しているのだ。理解しがたい理屈であっても、まずは聞いてみることが問題解決の糸口となるのだ。

傾聴に徹することで、相手が安心感を覚えて本音を話したりするなど、自身の本当の感情に気づくことがある。そうすると、問題の本質が見えてくるのだ。

承認欲求が満たされずモンスター化

モンスター部下のタイプによっては、承認欲求が満たされずに問題行動を起こすことがある。「努力したのに、周囲に認めてもらえない」「正しいことを言っているのに、周りが理解してくれない」「皆のためにやっているのに、煙たがられる」といった、自己評価と他者評価のギャップに不満を感じているのだ。

以前に、顧客から「女性社員で、後輩にひどく辛くあたる人がいて、新人がすぐに退職するので困っている」という相談を受けた。この女性は、事務処理等の仕事は有能であったが、コミュニケーション能力に問題があり、上司の評価は低かった。本人は、事務処理能力の高さを誇っており、自己評価が非常に高く、上司から正当な評価を受けていないと不満を持っていた。

この女性社員は、「自分のやり方が絶対に正しい」という思いが強く、後輩のやり方を細かいところまでいちいち観察しては、ダメ出しをする。その際の発言も、「このままだと給料泥棒だよ」「私が1時間でやることを3日もかかっているのは、会社にとってお荷物」などと、パワハラともいえる内容だった。

また、新人が少しでも自分の意見を言うと、それが気に入らなくて、無視したり、周囲の人に「今度の新人は仕事ができないくせに生意気だ」などと吹聴する。上司が注意すると、大泣きして「自分はこんなに会社に貢献しているのに、周りがいじめる」「私が辞めればいいんですよね！」などとわめくので、周りも非常に困っていた。

筆者が当人と面談をすると、彼女は自分の仕事にはとても熱心に取り組んでおり、会社に貢献したいという気持ちも強いことが分かった。ただ、本人の熱心さが空回りしたり、承認欲求が非常に強いため、「どうして上司も周りも自分を褒めてくれないんだ！」という気持ちを抱えていた。本人の仕事への思いを丁寧に聞いていくと、自分の思いを聞いてもらえるという嬉しさで、かなり長い時間、自分がどれほど仕事に情熱を持っているかを上機嫌で話してくれた。2、3回面談をしていく中で、彼女の様子に変化が出てきた。今までの自分を振り返って、どうして自分が後輩に辛くあたるのかについて、考え出したのだ。

「私はもっと褒めてほしいのです。一生懸命頑張っているのだから、もっと周りも私を褒めてくれてもいいのに、って思うんです」

「後輩たちは、私より仕事もできなく、熱意もないのに、上司と楽しそうに話をしている。そのくせ、上司は私には声もかけてくれないんです」

などと、自分の満たされない思いを話し出した。心の奥にある気持ちを話し出した彼女は、幼い子供のようだった。

大人になると、必ずしも自分の頑張りは評価されるわけではなく、上手くいかないことの方が多い。また、いくら有能でも後輩に辛くあたるような人材は組織では評価されにくいだろう。しかし、彼女は「業務処理能力」という自分にとって唯一絶対の価値観を周囲にも押し付け、違う価値観で彼女を見ている周囲に対して「分かってもらえない」と不満を抱えていた。「人はそれぞれの価値観を持っており、自身の価値観を押し付けることはできない」という当たり前のことを理解できていなかった。

筆者が彼女の仕事への姿勢や業務処理能力を面談中に承認していったことで、彼女は安心して話をしてくれ、その中で心の中の声を聞くことができた。常に上手くいくとは限らないし、相手にもよることではあるが、承認すべきところを承認することで、次のステップに移ることができる。自分の話を聞いてもらうためには、第一に相手に受け入れてもらう必要がある。その際に、まずは相手を承認することで自分から相手を受け入れるということが必要だ。

モンスター部下を持つと、その言動の何もかもが腹立たしく、ウンザリすることもあるだろう。しかし、言動を別の角度から見た時に、違う発見がある。この事例の彼女の場合も、後輩に辛くあたることは問題だが、彼女の仕事ぶりの全てが問題なわけではない。業務処理能力や熱心な姿勢は承認に値する。そういった部分にスポットを当ててみると、違う見方が出てくる。

承認というのは、何でもかんでも相手を褒めるということとは違う。相手の言動を冷静に観察しないと、承認するポイントは見えてこないだろう。

「今度遅刻したらクビだ！」が通用しない理由

部下の話を聞き、承認していく中で、部下が自分自身の問題に気づいてくることがある。人は内発的な動機に動かされない限り、変わることはできない。よく「過去と他人は変えられない」というが、本当にそのとおりだろう。

上司が口酸っぱく注意をし、叱っても、本人の中に気づきが無ければ、基本的に変わることはない。力で相手を変えようとしても、無理なのだ。例えば、遅刻が多い部下に対し、上司が「今度遅刻したらクビだ！」と脅して、遅刻がなくなったとする。しかし、本人の気持ちとしては、

「クビになったら困るから、とりあえずしばらくは遅刻しないように気を付けよう」

であり、クビになるという「恐れ」や「不安」から行動が変わっただけだ。こういう場合は、ほとんどの場合、ほとぼりが冷めると同じ問題を起こす。

しかし、本人が何らかのきっかけで、「遅刻がいかに周囲に迷惑をかけ、信頼を失うことか」に気づき、心から「もう遅刻をしたくない」と思った場合は、ほぼ改善する。問題行動について、周囲があれこれと指摘したり、叱ったりしても、あまり効果がないことは上司であれば経験済みであろう。上司としてサポートできるのは、あくまでも部下が自分の問題に気づくことを促すだけだ。植物を大きく育てようと思った場合、植物を力で引き延ばして大きくすることはできない。与える水の量、肥料の量や質、日光の加減、温度など、植物の種類に応じて最適な環境を提供することしかできない。また、植物の種類に応じた環境が必要なので、それぞれの特徴を見極めて最適な環境を提供していく必要がある。

問題のある部下に対しても、一律に同じ対応をしても上手くいかない。植物同様に、人間にも個性や特徴、価値観があり、人によって千差万別だ。Aさんに対して取った対応がBさんにも通じるとは限らない。相手の価値観を知り、相手の気づきを促す対応が必要だ。

気づきを促す際にも、傾聴を使ったコミュニケーションは有効だ。傾聴は元々はカウンセリング技法の1つであり、聞き手が受容・共感していくことで、話し手の鏡のような役割を果たす。話し手は、聞き手に話すことにより、自分の心を鏡で見ているかのような気持ちになり、自分自身の本当の気持ちや、問題の所在について自ら気づいていく。

もちろん、上司はカウンセラーではないので、問題ある部下の問題解決に多大なエネルギーをかけることはできない。しかし、部下の気づきを促すという目的に対して、傾聴という手段は非常に有効である。少なくとも、力ずくで部下を矯正しようとするのではなく、相手が自ら気づくという可能性も視野に入れて対応したい。

理不尽な要求を突き付けてくる部下への対処は

モンスター部下の中には、理不尽な要求を突き付けてくる者もいる。

ある化粧品販売会社の店長から、理不尽な要求をする部下について相談を受けたことがある。部下の１人がお店のドアで指を挟んでしまい、怪我をしてしまった。ドアは、少し蝶《ちょう》番《つがい》の具合が悪く、時々バタンと勢いよくしまってしまうことがあったので、「修理しなくては」という話をスタッフ同士でしていたところだった。いつもは気を付けて開閉していたのだが、怪我をしたスタッフがたまたま忙しい時に慌ててドアを閉めてしまい、そこに指を挟んで怪我をしてしまったのだ。

小指が腫れあがってきたので、急いで病院へ行き、1週間ほど休んでもらうことになった。ところが、すでに怪我は治っているにもかかわらず、「精神的なショックを受けたので、お店に出勤できない」ということで、ずっと休んでいるという。怪我をした社員は、「店の対応に誠意がない」「普通はこういう時はお見舞金を出すものだ」と主張し、店長も設備上の問題もあったので責任を感じ、お見舞金10万円を謝罪の言葉とともに渡した。しかし、相手はそれでは納得せず、「ドアを挟んだ時の恐怖で仕事に行けなくなった」として、休んでいる間の補償まで求めてきた。

怪我で就労できない期間は、労災保険で休業の給付があるが、怪我が治ったのであれば、労災保険の給付は打ち切られる。本人は、労働基準監督署へ行き、「怪我のショックで会社に行けなくなった。これも労災なのでは?」と主張したようだが、認められなかったらしく、矛先が店長に向いた。

「以前からドアが壊れていることを知っていたのに、何も対応しなかったのは店長と会社の責任だ」として、休んでいる間の給料の補償を求めてきたのだ。ドアの故障のことで負い目を感じていた店長と会社は、何と2カ月の休職と、その間の給与の全額支払いを保証してしまったのだ。このことは、他のスタッフの耳にも入り、「怪我は大したことないのに、どうして2カ月も休ませるのだ」「精神的なショックと言えば、何でも通るのか？」「彼女が休んでいる間、大変な思いをしている他のスタッフへのねぎらいはないのか？」など、スタッフの不満が爆発してしまった。2カ月が経って、本人が復帰するかと思いきや、「まだ怖くて出勤できない」と休職の延長と給与支払いの継続を求めてきたので、悩んだ店長が筆者に相談してきたのだ。

できること、できないことを冷静に伝える

このケースでは、最初の対応に問題があったといえる。指の怪我自体は、確かに会社側の責任もあるが、1週間程度で治る指の怪我に対して、10万円の見舞金は多すぎるといえるだろう。さらに、「精神的なショックで仕事に行けない」ということだが、怪我との因果関係もはっきりしない。実際、本人は労働基準監督署へ相談に行って、この件での精神的なショックについては労災保険の給付は難しいと言われている。つまり、この精神的なショッ

クは業務との関連性はないと監督署は判断しているのだ。もし、本人がそれでも業務上の関連性を主張するのであれば、診断書の提出等を待ってから対応すべきだった。会社も店長も、「お店のドアの故障で怪我をさせてしまった」という負い目があったので、強く相手から責任を追及され、要求に安易に応じてしまったのだ。

理不尽な要求をしてくるモンスター部下に対しては、「できること」と「できないこと」を客観的に判断して冷静に伝えることが重要だ。最初に理不尽な要求に応じてしまうと、多くの場合、要求はどんどんエスカレートする。どこまで会社が責任を負うべきなのかについて、念のため専門家に相談をしてから対処していくことをお勧めする。安易に相手の言いなりの対応をしていくと、他の社員に悪影響が及び、会社に対する信頼まで失うことになりかねないのだ。会社として「できること」と「できないこと」をしっかりと伝えるようにしたい。

自分の考えを正直に伝え、リクエストする

社内研修等の講師を務める際に、管理職の方々からさまざまな悩みを打ち明けられること

がある。そのほとんどが、部下に対する悩みである。

「協調性のない部下がいて困っている」という悩みから、「メンタルダウンした部下がいてどう接していいか分からない」といった深刻な悩みまで内容はさまざまだが、多くの管理職が部下への接し方について悩んでいるというのは興味深い。会社からは結果を求められるので、部下を指導していかなくてはいけないのだが、一方で部下から「パワハラ」と言われてしまうのでは？ という恐れから、言いたいことを上手く言えずにフラストレーションを抱えている人が少なくないのだ。

よく、「日本人は議論が苦手だ」と言われる。協調性を重んじる国民性もあり、意見の違う人は「空気が読めない」「和を乱す」として、敵のような扱いを受ける。そうなると、意見の交換ではなく、意見の押し付け合いになり、建設的な議論が成立しない。また、意見の相違で相手の感情を害するのを恐れて、本音を言わないという選択をすることもある。そもそも、建設的な対話を行う技術を学校でも習ってこないし、社内研修等でも行わないところがほとんどだろう。自分の考えを正直に伝え、意見を押し付けるのではなく、相手にリクエストするという技術がないために、部下への対応で悩みを抱えてしまうのだろう。パワハラ

について も、ぼんやりとした知識はあるものの、具体的にどのような言動が問題なのか、パワハラとされない指導はどのようなものかを理解していないので、自身の言動に自信が持てないのだ。

パワハラについては、指導との線引きが難しいという声を聞く。確かに、ケースバイケースなところもあるが、第2章で触れた典型的な6類型を参考にしてほしい。

2019年5月には、パワーハラスメント防止を義務付ける関連法が成立した。今後、詳細な指針も出てくるので、判断基準がより分かりやすくなるだろう。

「パワハラと言われるのが怖いから指導したくない」というのは、モンスター部下を生み出し、助長させることになりかねない。ましてや、管理職としての職務や責任を放棄していることにもなる。上司としてはきちんと、部下に対して自分の考えを正直に伝え、部下へ期待していることを率直に伝えてほしい。

やむを得ず辞めさせる時の注意点

モンスター部下への対処法について述べてきたが、場合によってはやむを得ず辞めさせなくてはいけない場面も出てくるだろう。上司としてできるだけの対応をしてきたが、事態がどんどん悪くなる場合、解雇という選択肢も視野に入れなくてはいけない。

解雇は、法的に非常にハードルが高く、慎重に行わないと大きなトラブルに発展することもある。何よりも事実の記録と段階を踏むことが重要だ。解雇を視野に入れた場合、以下の点に注意しながら慎重に進める必要がある。

（1）解雇をする十分な理由があること
（2）就業規則等に定めてある解雇事由に該当すること
（3）法令で定められている解雇禁止事由に該当しないこと
（4）労働基準法に則った手続きを踏んでいること

(1) 解雇をする十分な理由があること

そもそも、解雇については法律で「解雇権濫用の禁止」が定められている。「解雇は、客観的に合理的な理由を欠き、社会通念上相当であると認められない場合は、その権利を濫用したものとして、無効とする」(労働契約法第十六条)

つまり、解雇するに値する客観的に合理的な理由がなく、社会通念上も相当であると認められなければ、そもそも解雇自体が無効だとされているのだ。この「客観的に合理的な理由」「社会通念上相当である」というのが、どの程度の行為なのかは、事例ごとに判断されるので、一概に「こういった場合はOK」という判断ができない。また、解雇に至るまでに問題行為に対してどれだけ会社が改善のための指導をしてきたかという経緯も重視される。何度も会社が指導を行ったにもかかわらず、改善が認められなかったという事実が必要だ。そのため、問題行為については、その都度指導を行い、記録に残しておくことが重要だ。

(2) 就業規則等に定めてある解雇事由に該当すること

解雇する場合は、就業規則等に解雇について定めてあることが必要となる。一般的な就業規則には、「こういった場合は解雇します」ということが列挙されており、それらに該当した場合に解雇することが可能となる。逆に言うと、就業規則に記載されている解雇事由に該当しない理由では解雇することができない。通常は、就業規則の解雇事由がいろいろ記載されており、最後に「その他前各号に準ずる」といった文章で包括的に定められている。解雇を考えた際には、事前に就業規則の該当箇所を確認しておくことが必要だ。

(3) 法令で定められている解雇禁止事由に該当しないこと

法律では、解雇をしてはいけない期間もしくは、解雇をしてはいけない理由として定められているものがいくつかある。例えば、

「業務上の負傷・疾病により休業している期間とその後30日間、産前産後の休業期間とその後30日間」（労働基準法第十九条）

「国籍、性別、信条、社会的身分を理由とする解雇」（労働基準法第三条）

などが該当する。

以前に相談を受けたケースで、「男性社員が育児休業を取りたいと言ってきたので、解雇

したい」という相談があった。詳しく内容を聞いてみると、そもそもいろいろな問題があった社員ではあったが、育児休業を請求したことを理由に解雇することは出来ない（育児介護休業法第十条）。

相手に問題がある場合といえども、法的に解雇禁止事由に該当しないかどうかは確認する必要があるだろう。

(4) 労働基準法に則った手続きを踏んでいること

解雇するにあたって、十分な理由もあり、就業規則にもきちんと解雇事由が定められ、法的に解雇禁止事由にも該当しないと判断したら、次は解雇の手続きルールに則って進めることになる。解雇手続きについては、労働基準法に則って30日前に解雇を予告するか、即日解雇する場合は30日分の平均賃金（解雇予告手当）を支払わなくてはいけない。

「使用者は、労働者を解雇しようとする場合においては、少くとも三十日前にその予告をしなければならない。三十日前に予告をしない使用者は、三十日分以上の平均賃金を支払わなければならない。但し、天災事変その他やむを得ない事由のために事業の継続が不可能と

なった場合又は労働者の責に帰すべき事由に基いて解雇する場合においては、この限りでない」（労働基準法第二十条）

なお、これはあくまでも手続き上のルールであって、そもそも解雇に相当する理由がなければ、解雇自体が無効となることには注意いただきたい。

ここまで述べてきたように、解雇は法律でさまざまな規制があり、ハードルも高い。モンスター部下を解雇しなくてはならない場面では、専門家に十分相談した上で進めていくことが重要だ。

モンスター部下を生まない組織を作る

これまで、さまざまなモンスター部下の事例や対処法を述べてきたが、実は、モンスター部下というのは、あくまでも見る側が生み出しているものであるということにお気づきだろうか？

ある人の言動に対して、その言動が全く気にならなければ、「モンスター」とは思わないだろうし、その言動に悩まされるようだと、場合によっては「あの人はモンスターだ」と解釈する。つまり、「モンスター」とは事実として存在しているのではなく、あくまでも受け手側の解釈だ。見る人が違えば、その人の言動も「モンスター」という解釈にはならない可能性がある。

ある上司の下で「モンスター部下」と思われていた人が、別の上司の下に異動した途端に「普通の部下」になることもある。これは、本人が新たな上司の影響で変わったという場合もあるだろう。しかし、本人は何も変わっていないのに、別の上司が別の解釈をして、「普通の部下」と認識されるということもあるのだ。上司だけでなく、別の会社に転職したら、普通の部下として認識されることもあるだろう。

もちろん、「モンスター」と解釈されるからには、多くの人にとって受け入れがたい問題行為があるのだろうが、それも国や社会が変われば問題とはされないこともある。

世の中にはさまざまな個性を持った人がいて、それぞれが自分の価値観を基に行動している。自分にとって受け入れがたい価値観を持った人もたくさんいるが、そういった違いに悩んだり、反発したり、時には衝突したりしながら、お互いに反目したり、距離を置いたり、理解し合ったりする。

社会では、人間関係や組織運営をスムーズにするため、大多数の人の「常識」「良心」「共通感覚」を共有し合うことが必要となる。そこから大きくはみ出した人は、社会に受け入れられず、「モンスター」として排除される。

しかし、そのような人たちも、生まれながらに「モンスター」だったわけではない。さまざまな経験を通して、人間不信になったり、自信をなくしたり、不安を抱えたり、自分の居場所を見つけられず問題行動を起こすようになっていったはずだ。彼らが自分の問題に気づき、変わることができる可能性もゼロではない。

会社という組織の中で、その会社に合わない価値観を持つモンスター部下は、組織を守るためにも対処しなければならないが、彼らの人間性まで否定する社会であってはならないと考える。どんなモンスターであっても、人として敬意を持って接することを忘れないようにしたい。

たとえ、多くの人たちの「常識」から外れる価値観を持っていたとしても、人生のどこかで自分の問題に気づき、彼らが本当の意味での生きがいを見つけられればと願う。誰もが自分自身の人生をより良く生きる選択ができ、活躍できる社会が実現できるよう1人でも多くの人が真剣に考えることが、一番のモンスター対策といえるだろう。

石川弘子 いしかわ・ひろこ

1973年福島県生まれ。青山学院大学経済学部卒業。フェリタス社会保険労務士法人代表。一般企業に勤務するかたわら、2003年に社会保険労務士資格取得、04年独立。産業カウンセラー、キャリアコンサルタントの資格も保有し、中小企業から上場企業までさまざまな企業の労務相談を受けるほか、企業のメンタルヘルス対策などにも携わる。著書に『あなたの隣のモンスター社員』。

日経プレミアシリーズ｜408

モンスター部《ぶ》下《か》

二〇一九年八月八日　一刷

著者　石川弘子

発行者　金子 豊

発行所　日本経済新聞出版社
https://www.nikkeibook.com/
東京都千代田区大手町一―三―七　〒一〇〇―八〇六六
電話（〇三）三二七〇―〇二五一（代）

装幀　ベターデイズ

組版　マーリンクレイン

印刷・製本　凸版印刷株式会社

ISBN 978-4-532-26408-6　Printed in Japan

日経プレミアシリーズ 373

かかわると面倒くさい人

榎本博明

シンプルな話を曲解してこじらせる、持ち上げないとすねる、みんなと反対の意見を展開せずにはいられない、どうでもいいことにこだわり話が進まない、「私なんか」と言いつつ内心フォローされたがっている……なぜあの人は他人を疲れさせるのか？　職場からご近所、親戚関係まで、社会に蔓延する「面倒くさい人」のメカニズムを心理学的見地から徹底的に解剖する。

日経プレミアシリーズ 375

なぜ、御社は若手が辞めるのか

山本　寛

仕事内容が合わなかったのか、労働環境が不満だったのか、上司や先輩との関係が問題か、それとも給料が……？　若手社員が去る会社の問題は一体どこにあるのか。なかなか聞くことのできない退職者の本音を、インタビューから探り出し、社員を定着させるための職場づくりについて、人事担当者・経営者の声からヒントを示す。

日経プレミアシリーズ 372

〝社風〟の正体

植村修一

御社は、どんな社風、文化ですか？　こう聞かれて何も思いつかない人はいない。だが「社風、企業文化とは何か？」と問われると答えに困る。本書は、そんな「組織体質」の謎を解明し、国、地域、業界でどんな違いがあるのか、またパワハラが横行するブラック企業、不正続発の会社、イノベーションを生む会社の間にはどんな違いがあるのか詳しく解説する。御社の社風、企業文化を再点検してみませんか。